Irma Tavelidse

DIE ERFINDUNG DES OSTENS

Erzählungen

Aus dem Georgischen von
Iunona Guruli

edition.fotoTAPETA
Berlin

INHALT

- 7   Die Burg von Gori
- 27   Die Erfindung des Ostens
- 43   Flora und Fauna im Paradies
- 73   Die Seen von Switez
- 97   Consecutio Temporum
- 111   Drei Leben der Marie Menard

DIE BURG VON GORI

Ich stand da und dachte darüber nach, dass der Wind wiederbringt, was er weggenommen hat. Der Schnee schmolz auf meiner Brille, er kroch mir in die Ohren, durchnässte meinen Schal und den Mantel mit den fehlenden Knöpfen. Ich rührte mich nicht vom Fleck. Ich war zehn Jahre alt und wusste: Die Last der Pflicht könnte sogar einen Enddreißiger erdrücken, geschweige denn einen Jungen meines Alters. Ich musste die Last der vernachlässigten Pflichten so schnell wie möglich loswerden, ich musste die Traumburg der Anderen rasch erobern … Während der Wind … Der Wind würde mir die Gunst dieser Einen und Einzigen bestimmt zurückbringen.

***

Der Pionierspalast von Gori war der einzige Palast, der täglich in mein Blickfeld geriet. An seinen Fenstern hingen hellrosa Vorhänge – eine kalte, unangenehme Farbe (wer weiß, vielleicht gibt es tatsächlich eine Rose, bei der man nie das Bedürfnis bekommt, ihre Blütenblätter zu reiben). Drinnen gab es nichts Besonderes: die Werkausstellung der Schüler, eine rote Ecke, eine Trommel, große und kleine Trompeten, eine Fahne mit goldfarbenen Fransen und die Fotos des Jungen mit dem goldenen Lockenkopf. In den Wintermonaten herrschte in fast allen Räumen eine Totenstille, ein grabesähnlicher Frost. Und doch waren zwischen den Wänden einige unscheinbare Bewegungen zu beobachten, während samstags der Vortragszirkel seine übliche Arbeit aufnahm. Der Vortragszirkel war ich.

Der Schauspieler Otar *** hatte auch schon einmal zwanzig Schüler. Das wusste ich aus Überlieferungen, genauso wie andere Details von lokaler Bedeutung: Mit meinen eigenen Augen hatte ich noch nie einen Vortragskünstler gesehen. Aber der Legende nach existierten sie wirklich, nahmen an Theatervorstellungen teil und gingen mit der Schauspieltruppe aus Gori in die noch kälteren, noch schneereicheren Städte auf Tournee. Man prophezeite mir, auch ich würde gegen Ende des Jahres auf der großen Bühne auftreten, dazu musste ich nur ein einziges Gedicht auswendig lernen.

Damals wie heute ist ein Mann Ende der Dreißiger in den Augen eines zehnjährigen Jungen seines Lebens schon überdrüssig und verbringt lustlos seine Tage, die ihm bis zum Tod noch verbleiben. Gleichzeitig aber ist er kein schon gebrochener Alter – deshalb sind die Aggression, die sich in seine Stimme eingeschlichen hat, und der unter seinen Augenbrauen versteckte Zorn so gefährlich.

Ich muss eingestehen: Ich hatte Angst vor Otar. Ungeachtet dessen, dass er Schauspieler war. Ungeachtet dessen, dass auch ich Schauspieler werden wollte und meine Träume um die Bühne des Gori-Theaters kreisten.

Ich spürte, dass ich schon vieles war: der Aschenmann, der Hofnarr des Königs, der König selbst, ein Pferd, ein Soldat, jener Junge mit dem blonden Lockenkopf, Karlsson vom Dach und der mit Karlsson befreundete Junge, der Schuldirektor, ein Feuerwehrmann, ein Laternenanzünder. Wenn nötig, hätte ich mir auch spitzenbesetzte Schlafhäubchen aufgesetzt und mich ganz leicht in Tom Sawyers Tante verwandelt.

Und für den Auftritt auf der Bühne meiner Träume musste ich wenigstens dieses eine Gedicht auswendig lernen.

Gleich in der ersten Stunde des Vortragszirkels erfuhr ich, dass in guten Gedichten viel Sinn lag. Natürlich existierten auch sinnlose Gedichte, die auf dem endlosen Feld der Literatur sorglos wie Feldlilien wuchsen. Ich habe so etwas ganz sicher in irgendeinem Buch gelesen. Dann schlug ich das Buch zu, und auch ich begann, sinnlose Gedichte zu schreiben, hörte damit aber sehr bald wieder auf: Es stellte sich heraus, dass es viel interessanter war, Mädchen mit ihren zweideutigen Sprüchen zu beobachten.

Jenes gute Gedicht fing so an:
„Nach jedem neuen Sieg
führte ich als Regel ein,
begeistert zu rufen:
Das ist die Burg von Gori!"

„Nun erklär mir mit deinen eigenen Worten, was du verstanden hast", bat mich der Lehrer, dessen Gesicht und dessen Mantel genau die gleiche Farbe hatten, eine Farbe wie Rauch. Es war eine herzzerreißende Farbe, bei der nicht klar war, woher sie kam. Als wäre der Mann kürzlich von einem Blitz getroffen worden, der ihn samt Hut und Kleidung zu Asche verbrannte, ohne dass er selbst etwas gemerkt hätte.

„Mach schon!", rief er, als ihm klar wurde, dass ich nicht vorhatte zu antworten. Ich war von meinen Beobachtungen und Vergleichen so abgelenkt, dass ich vergaß, wozu ich in diesem eisigen, halbverdunkelten Zimmer stand.

„Welche Siege meint der Dichter?"

Ich wusste nicht, was ich sagen sollte. Ich wusste nicht, was ein Sieg war. Auf meinen Schultern drückte die Last unerledigter Hausaufgaben, der geschwänzten Stunden und anderer, mir schleierhaften und unverständlichen Pflichten.

Ich murmelte etwas.

Er lächelte mich an:

„Denk nach: Wenn du dich über etwas sehr freust, wie drückst du das aus? Wenn du eine Eins bekommst, was sagst du dann im Stillen, mein Junge?"

„Dass Marina Iwanowna bloß nicht vergessen soll, die Note in der Schule ins Tagebuch einzutragen. Ich bekomme die Eins nur in Russisch."

Er las das Gedicht mit viel Ausdruck weiter:
„Man sagte, dass die Pforten hier
zusammenbrachen, wie steiniges Gestade ..."

Natürlich hatte ich davor noch nie etwas von einer Pforte oder von Gestade gehört. Ich wiederholte im Stillen: Pforte-Gestade-Pforte-Gestade-Pforte-Gestade. Wahrscheinlich wurde der tiefe Sinn in diesem Gedicht von den steinharten Wörtern gestützt, er war von einer allzu hohen Mauer umschlossen. Plötzlich stellte ich mir ganz deutlich einen halb durchsichtigen Körper vor, der zwischen den massiven Steinen schwebte und durch eine Spalte zu entfliehen versuchte.

„Aber hier ist doch Licht.

Das ist die Burg von Gori!"

„Licht ist Licht, Herr Lehrer. Wenn es nachts in den Häusern brennt."

Ich kam ihm zuvor, bis er mit seiner eigenen Version wie mit einer Fahne wedeln würde.

Wie sich herausstellte, war nämlich Licht noch ganz anderes: die surrenden Fabriken, die hellblau schimmernden Bildschirme, Mädchen und Jungen mit den roten Halstüchern (hier kam mir ein Zweifel, als ich an meine Klassenkameraden dachte), Schiffe, Eisbrecher, Atomkraftwerke, Skifahrer, Baumeister, Metallurgen sowie alle und alles.

„Auch die Zahnärzte?"

„Natürlich auch die Zahnärzte."

Das war dreist gelogen! In allen Zahnkliniken der Stadt

herrschte ein ekelhafter Gestank, es war schauderhaftes Gekreische zu hören, überall lagen haufenweise Zangen und blutverschmierte Wattebäusche. Kurz gesagt, diese Orte ähnelten dem Grauen, der vollkommenen Dunkelheit.

Aber er ließ sich nichts anmerken und fuhr fort:

„Im zweiten Weltkrieg sind unzählige Georgier gefallen, darunter auch Soldaten aus der Stadt und dem Bezirk Gori. Hat dein Großvater etwa nicht gekämpft, mein Junge?"

„Bei Kursk, in Jasterbowka. Er wurde gleich dort begraben."

„Siehst du? Genau deshalb musst du dieses Gedicht auswendig lernen. Du musst es gut erlernen und so vortragen, dass die Erde unter den Füßen des Feindes anfängt zu brennen."

„Ich war im Krieg,
und hab dem Feind sein Berlin
gebogen und gebrochen,
am neunten Mai rief ich aus ..."

„Wieso habe ich Berlin gebogen und gebrochen, Herr Lehrer?"

Der Lehrer erstarrte und schaute mich verzweifelt an.

Ich klapperte vor Kälte mit den Zähnen, meine blau angelaufenen Finger verschwanden in den Mantelärmeln.

„Wenn im Zweiten Weltkrieg die Faschisten gesiegt hätten, weißt du, wie sie dann in unseren Städten gewütet hätten? Was sie dann in Gori und in den Dörfern um Gori angerichtet hätten?"

Ich wusste es nicht.

Ich wohnte in einem alten Haus, am Fuß der Burg, aber ich hatte bisher kein einziges Mal versucht, auf den Hügel hinaufzugehen. Er war ja ganz in der Nähe, nur ein paar Schritte entfernt, und es wäre keine große Sache gewesen, aber die ganzen Gerüchte und Geschichten brachten mich durcheinander. Die Burg sei was für Nichtsnutze. Die Burg sei was für Diebe und Zocker. Man vergrabe dort gestohlenes Geld und andere wertvolle Sachen. Sie sei was für Mörder, wenn jemand sauer auf einen anderen ist, dann bringt man den dort hinauf und rechnet erbarmungslos mit ihm ab. Sie sei was für Huren – die gehen dorthin mit den geilen Männern und lassen mal ihren BH, mal die zerrissene Unterhose auf den Steinen zurück ... Falls ein Kind die Burg besichtige, dann würden seine Haare augenblicklich vor Angst ganz grau. Ein Junge soll dort gewesen und von den wilden Hunden totgebissen worden sein, so, dass weder seine Seele, noch Haut und Knochen den Angriff überstanden.

Groß ist die Macht der städtischen Folklore.

„Willst du wirklich Schauspieler werden, Junge?"

Der Lehrer lächelte mir zu und klopfte mir auf die Schulter.

Auch ein jahrelang gehegter Wunsch besitzt eine große Macht.

***

Marina Iwanownas Nase war voller Sonnensprossen. Marina Iwanowna hatte blau-graue Augen und sehr lange Wimpern. Ich beobachtete aufmerksam jede Bewegung von Marina Iwanownas Fingern. Ich wusste, wie sie Sechser, Fünfer, Vierer, Dreier, Zweier, und am seltensten die von Selbstzweifeln geplagten Einser malte. Wenn ich nach der Schule nach Hause kam und niemand da war, stellte ich mich vor den riesigen Spiegel und begann, Grimassen zu schneiden: Ich kniff die Augen leicht zusammen, neigte den Kopf nach hinten und lächelte mein Spiegelbild kaum merkbar an. In meinen Ohren klang noch immer ihre Stimme. Ich kannte ihre Sprüche in- und auswendig und wiederholte sie endlos – mit starkem Akzent, mit falschen Betonungen.

Dann riss ich ein sauberes Blatt Papier aus dem Malblock und übte mich im Fälschen der mir so gut bekannten Unterschrift. Initialen. Initialen. Wieder Initialen. Am Ende angehängter Krakel. Dünn und gezwirnt. In meinem mit tausend Phantasien beschwerten Kopf gab es nur einen einzigen Gedanken: Wenn ich sie nachahmte, waren wir wieder zusammen.

Sie hatte eine polnisch-ukrainisch-aserbaidschanische Vergangenheit. Den Großteil ihrer Kindheit hatte sie in Baku verbracht und dort auch die Hochschule absolviert, dann zog sie zu ihren Verwandten nach Gori und begann, dank eines glücklichen Zufalls, an meiner Schule zu arbeiten.

Natürlich war ich in sie verliebt, und natürlich war diese Liebe aussichtslos.

Ich starrte sie während des Unterrichts ununterbrochen an. Jedes ihrer Worte prägte ich mir ein, ich wiederholte es in Gedanken so lange, bis ich seinen Sinn wie Nektar aus ihm herausgesogen hatte. Bereits ein winziger Schatten, den ich auf ihrem Gesicht bemerkte, ließ mein Herz bluten. Ich wollte, dass alles so war, wie Marina Iwanowna es sich wünschte: dass wir die Klassenarbeiten fehlerfrei schrieben, beim Nacherzählen die Wörter nicht irgendwo oben an der Decke suchten, dass wir ordentlich angezogen zur Schule kämen und keiner von uns jemals krank würde.

Als die Klassenlehrerin sie in unseren Klassenraum führte und uns vorstellte, war sie erst seit einem Monat verheiratet. Ihr Mann unterrichtete meinen Bruder in Geschichte. Wie konnte man bloß die Weltgeschichte in die Hände dieses Mannes legen – er war so groß und breitschultrig, dass er in uralten Annalen außer sich selbst nichts gesehen hätte. Er sei offenherzig, sagte man (seinesgleichen besitzt keine Beobachtungsgabe). Er habe einen Sinn für Humor (gefallen euch redegewandte Tyrannen?). Nichts hätte die Oberschüler zum Schweigen bringen können – sie päppelten Gerüchte und Fakten mit ausgedachten Details auf, sie bauschten ihre Bedeutung auf, während sie einander manchmal, mitten im Erzählen, einen kurzen Blick zuwarfen und verstummten ... Von ihnen erfuhr ich, dass die Russischlehrerin und der Geschichtslehrer sich in den Pausen im Biologiezimmer im dritten Stock einschlossen, rot im Gesicht wieder herauskamen und niemandem in die Augen schauen konnten. Einige Male habe der Attila sogar vergessen, den Reißverschluss an seiner Hose zuzumachen ...

Die Klarheit, die solchen Überlieferungen fehlte, machte mein ohnehin unerträgliches Dasein noch unerträglicher. Fleißig gelernte Texte samt Fremdwörtern, gewissenhaft erledigte Hausaufgaben und andere Mittel, die Gunst der Lehrerin zu erlangen, gingen hoffnungslos verloren.

Was ich damit bezweckte? Ich wollte, dass sie den Lehrstoff tagtäglich nur mir erklärte. Die Anderen sollten Komparsen sein, erschaffen zur Täuschung des Schuldirektors oder anderer Behörden, während sie im Klassenraum umherlaufen und mit ihrer einzigartigen Stimme allein mit mir reden würde – egal, worüber.

Vor dem Einschlafen grübelte ich oft darüber, was die beiden wohl im Biologiezimmer machten, und die möglichen Antworten nahmen letztendlich folgende Umrisse an: Wahrscheinlich zogen sie ihre Kleidung aus, umkreisten und beobachteten einander nackt, dann zogen sie sich vor Scham oder Kälte zitternd rasch wieder an. Aber ich war dennoch nicht vollständig davon überzeugt, dass Marina Iwanowna und ihr Mann jenen Raum überhaupt betraten. Im Biologiezimmer war schließlich ein menschliches Skelett aufgestellt – ein echtes Skelett, aus einem Grab herausgebuddelt, mit dem Geruch einer Leiche.

Eines Tages mussten wir einen kleinen, halbseitigen Aufsatz verfassen: „Ein Wintertag". Ich beschrieb einen Sonntag, den ich am Fenster sitzend verbrachte und hinter der Fensterscheibe herumwirbelnde Schneeflocken beobachtete. Dann beschlug die Scheibe von innen, in meinem Kopf machte sich ein angenehmer Nebel breit und ich begann zu träumen: Ich stellte mir vor, dass ich durch die Straßen Berlins lief und meinen eigenen Schritten lauschte. Die Stadt war menschenleer. Sie war zu meiner Stadt geworden, jedes Gebäude, jedes Café, jeder Hund, jeder Baum gehörte mir.

„Du bist ein merkwürdiger Junge", die Lehrerin schaute zu mir herauf und schüttelte den Kopf. Mir war nicht klar, ob sie mich wegen meiner gut entwickelten Vorstellungskraft lobte oder mich wegen der Abweichung vom vorgegebenen Thema tadelte. Grammatikfehlern schenkte sie keine Beachtung.

Alle in der Klasse fingen gleichzeitig an zu lärmen:

„Was willst du ganz allein in einer leeren Stadt?"

„Wenn du was drauf hast, versuch mal, bei Mitternacht über die Kombinat-Brücke zu gehen."

„Der schafft es allein nicht mal bis zum Fußballstadion, und schreibt so einen Blödsinn …"

„Von selbst wäre er doch nicht darauf gekommen, hat er bestimmt irgendwo gelesen."

„Es ist abgeschrieben, Frau Lehrerin, es ist abgeschrieben."

„Er ist nicht mal zur Burg hinaufgegangen und will direkt nach Berlin."

Ich setzte mich wieder und hob den Kopf bis zum Ende der Stunde nicht mehr.

In den folgenden Tagen schwänzte ich die Schule. Statt zur Schule zu gehen, umkreiste ich den Hügel und zerfetzte aus dem Russischheft herausgerissene Blätter zu kleinen Schnipseln. Die Papierfetzen sammelte ich in meiner

Manteltasche, bis ich sie händeweise in die trüben Pfützen warf. Der Wind wollte mitspielen: Er schwänzelte wie ein Hofhund um mich herum und leckte schwanzwedelnd meine Handflächen ab. Behutsam gemalte Buchstaben, fleißig übertragene Gedichtzeilen, Fragen und ihre Antworten, Stunden voller Erwartung auf das nächste Treffen flogen mit dem Wind davon.

Ich war kein König mehr, und nicht Huckleberry Finn. Weder Laternenanzünder, noch Fünfeckchen. Ich war kaum noch jemand, ich war nicht mal einer, der einen halben Tag brauchte, um einen halbseitigen Aufsatz zu schreiben.

Auch den Vortragszirkel schmiss ich hin. Die Bühne, die mich mit so unbändiger Kraft angezogen hatte, überließ ich den anderen – denen, die inbrünstiger als ich ausrufen würden:

„Schaut auf die Gärten von Kartlien!"

Ich beschloss, zur Burg hinaufzusteigen – ich hatte vor nichts mehr Angst.

Ich stand da und dachte darüber nach, dass der Wind wieder bringen wird, was er weggenommen hat. Der Schnee schmolz auf meiner Brille, er kroch mir in die Ohren, durchnässte meinen Schal und den schon von meinem Bruder getragenen Mantel. Ich rührte mich nicht vom Fleck. Ich war schon zehn Jahre alt und wusste: Das Leben, dem der Sinn entrissen wurde, ist leicht und schwerelos wie ein winziger Papierfetzen.

***

Ich hatte gerade einmal zwei Schritte zur Burg gemacht, als plötzlich der ganze Hügel auf meinen Kopf einstürzte: Jemand gab mir einen Schlag auf den Hinterkopf, dann rüttelte er mich kräftig durch. Es war mein Bruder. „Ich suche dich seit dem Morgen", sagte er, „als ich die Wohnung verließ, trug Mutter mir auf, eine Schaufel aufzutreiben, zum Friedhof von Kwernaqi zu gehen und dir ein Grab auszuheben – sollen sie dich doch bäuchlings begraben! Otar hat ihr gesagt, er habe ihren Jungen aufgegeben, du seiest zu zerstreut. Auch die Klassenlehrerin, diese Frau wie ein Büffel, fuhr richtig hoch: Seit einer Woche lässt der sich in der Schule nicht mehr blicken, und überhaupt ist es ja wahrscheinlich dem Einfluss der Familie zuzuschreiben, dass ein Fünftklässler solch faschistische Ideale hegt."

Was für faschistische Ideale? Ich hatte mir doch nur Berlin ausgedacht.

„Rechtfertige dich vor anderen, sie sitzen da und warten auf dich."

Ich nahm seine Worte kaum noch wahr. Ich rannte bereits Hals über Kopf davon, irgendwohin, ins Niemehrzurückkehren. Ich hatte einen einzigen Gedanken: Ich musste meinem Verfolger um jeden Preis entkommen. Ich musste zumindest diesen einen Sieg erringen, danach würde alles irgendwie seinen Platz finden. Im schlimmsten Fall hätte mir das trübe Flusswasser als ewiger Zufluchtsort gedient.

Ich stolperte über irgendetwas und schlug mit dumpfem Geräusch aufs Eis. Der Schmerz schoss wie ein Blitz durch das linke Knie. Ich biss mir die trockenen Lippen wund. Ich bäumte mich auf, fiel wieder zu Boden. Ich glaube, für einige Sekunden fiel ich sogar in Ohnmacht. Vor meinem geistigen Auge erschien unsere Klassenlehrerin – eine bullenköpfige Frau, mit deformiertem Körper und merklich ausgedünntem Haar. Ich fuhr mir mit der Hand übers Gesicht: Da war keine Brille mehr. Ich begriff nicht, wo ich sie verloren haben könnte. Aber es war vielleicht kein allzu großes Unglück mehr: Mir erschien meine eigene Zukunft so ungewiss, dass ich nicht einmal sicher sagen konnte, ob für sie dort überhaupt noch ein Platz vorgesehen war.

Nun rannte ich ohne Brille weiter. Die verschneite Stadt war von dichtem Nebel umhüllt, Baumumrisse näherten und entfernten sich von mir. Ich lief am Bazar vorbei (ich dachte für einen Augenblick darüber nach, in der geschlossenen Abteilung unter die Theke für Milch, Käse und Kräuter zu kriechen, begriff aber, dass ich den Gestank dort nicht lange hätte aushalten können). Ich beschloss, über die Kombinat-Brücke zu gehen (mein Bruder hätte niemals gedacht, dass ich es gewagt hätte, so weit zu laufen).

Der Himmel wurde dunkler. In der Luft breitete sich ein solcher Frost aus, dass das Atmen fast unmöglich wurde. Versucht mal, Eis zu atmen! Sobald ich mich der Brücke näherte, merkte ich, wie zwei Hunde auf der Seite des Fußballstadions sich langsam in Bewegung setzten und in meine Richtung liefen. Ich wusste, dass in solchen Momenten Weglaufen die größte Dummheit war, aber mir wurde augenblicklich klar, dass ich nur imstande war, Dummheiten zu begehen – genau das war meine Berufung, meine Sache. Genau das gelang mir am besten.

Ich rannte. Ich wusste nicht, ob die Hunde mich verfolgten oder nicht. Die Brücke erschien mir unerträglich lang, endlos, eine Brücke in die Ewigkeit. Es war wirklich kein Ende in Sicht. Unter der Brücke floss schlammfarben und träge der Liachwi. Ich ließ die Burg von Gori hinter mir, sie erinnerte mich weder an die glorreiche Vergangenheit unseres Landes, noch an meine beschämende Gegenwart; auch nicht an die paar Schritte, die ich in ihre Richtung gemacht hatte, nicht an das gute Gedicht, das ich nicht gelernt hatte und nicht an all die Legenden, an deren Wahrheit und Weisheit ich im tiefsten Herzen glaubte. Ich begriff, dass ich nie mehr den Wunsch verspüren würde, auf diesen Hügel zu steigen. Und überhaupt, die Burg stand dort nicht deshalb, damit jemand hinaufstieg.

Kaum hatte ich diese Entdeckung gemacht, verlangsamte ich den Schritt und hielt mein Gesicht den Schneeflocken entgegen. Mir war auch nicht mehr kalt: Bei der Berührung bissen sie mich – die aus dem Himmel geworfenen großen Papierfetzen. Wer hat wohl so viele leere Blätter zerrissen? Ich stand mit offenem Mund da und versuchte, sie mit der Zungenspitze einzufangen, als ich wieder die Hunde knurren hörte. Wieder diese verdammten Tiere! Es gab keinen anderen Ausweg – ich rannte wie rasend davon. An der Stelle des Herzens dröhnte irgendeine furchtbare Maschine in voller Lautstärke. Mir blieb keine Zeit mehr zum Atmen. Plötzlich wurde mir schwarz vor Augen, und ich starb.

Der Tod roch angenehm nach Blumen, er war sehr warm, und er war flauschig wie Schnee. Ich presste mich an ihn mit dem ganzen Körper. In diesem Moment existierte nur er und streichelte mir über die Haare, liebkoste mein Gesicht.

Die Wörter nahm ich erst später wahr. Ich erkannte auch die Stimme.

Auf der Brücke stand Maria Iwanowna.

Ich verstehe bis heute nicht, warum sie am kältesten Januartag einen offenen Mantel trug. Ich erinnere mich nicht daran, wie ich den Kopf an ihre Brust lehnte, oder wieso ich ihre Taille mit den Armen umschlang. Ich kann nicht sagen, wie viele Sekunden oder Minuten das Ganze andauerte, vielleicht sogar ein ganzes Jahrhundert. Es war ein Wunder, und die Wunder geschehen, wie man sagt, außerhalb von Zeit und Raum. Nach diesem Tag ging ich noch mehrmals über die Kombinat-Brücke, aber vergebens – ich bin dort lediglich meiner eigenen schlechten Laune begegnet.

Ich erinnere mich bis heute an dieses Gefühl: Wie es ist, wenn du etwas Weiches und zugleich Straffes zum ersten Mal berührst – etwas, das extrem elastisch ist und die ursprüngliche Form nach der Berührung sofort wieder annimmt. Ich erinnere mich an den süßlichen Duft und an das Licht, das die Gegend erhellte.

„Wieso hast du damit begonnen, den Unterricht zu schwänzen?"

Bekannte Stimme. Bekannter Akzent.

„Du hast mir sehr gefehlt. Die Klasse schien leer ohne dich."

Ich begriff, dass ich diese Worte sehr oft vor dem Spiegel wiederholen würde.

„Den neuen Lernstoff der letzten Tage werde ich dir separat erklären."

Ich schaute in Marina Iwanownas blau-graue Augen und konnte kein Wort herausbringen. Ich bemerkte, dass sie die Sonnensprossen nicht nur auf der Nase, sondern auch auf der Stirn und unter den Augen hatte – blasse, kaum bemerkbare Flecken. Sie war ungeschminkt, nicht mal die kleinste Make-Up-Spur war zu sehen. Sie umfasste mein Gesicht mit den Händen und sagte:

„Komm am Montag unbedingt zur Schule. Wir werden einen Aufsatz über unsere Stadt schreiben. In der Klasse schreibst du die besten Aufsätze, also versprich mir, dass du kommst."

In diesem Augenblick wurde mir sonnenklar, was sie und ihr Mann im Biologiezimmer machten: Sie zogen sich vollständig aus und blieben komplett nackt, dann kniete sich der Geschichtslehrer vor sie hin und lehnte seinen Glatzkopf an Marina Iwanownas Brüste, während er ihre Taille mit den Armen umschlang. So blieben sie lange, sehr lange. Sie kümmerten sich weder um die Pausenklingel, noch darum, dass ein menschliches Skelett sie mit seinen bedrohlich hohlen Augen aus einer Ecke anstarrte, genauso wie die Amphibien und Insekten in den mit Alkohol gefüllten Glasbehältern in den Regalen.

***

Pforte. Gestade. Pforte. Gestade. Pforte. Gestade. Von der Decke schlich ein Schatten nach unten und kroch unter den Tisch. Wenn ich die Kraft hätte aufzustehen, würde ich ihn am Schwanz packen und herauszerren. Ich konnte die Augen mit Mühe öffnen. Aus den mühsam geöffneten Augen trat langsam eine ekelerregende Flüssigkeit aus. Alles ging mir auf die Nerven: das verdunkelte Zimmer, in dessen Ecke eine Kerze flimmerte (bei 39,5 Grad Fieber durfte ich verlangen, dass man das Licht ausschaltete); mein Bruder, der geräuschvoll Tee mit Milch trank, während er die Hausaufgaben erledigte (er hätte dennoch nie Paläontologe werden können – im Institut von Gori gab es keine Fakultät für Paläontologie); Mutter, die alle zehn Minuten kühle Kohlblätter auf meine Stirn legte. Natürlich würde ich in ein paar Tagen wieder auf die Beine kommen und durch die verschneite Stadt spazieren gehen, aber Mutter war übervorsichtig: Um sie zu beruhigen, brauchte man viel mehr als ein Versprechen. Also war ich gezwungen nacheinander zwei Tabletten, warme Milch und noch irgendeine eklige Flüssigkeit aus einer braunen Flasche zu mir zu nehmen.

„Ich gehe nicht mehr zum Vortragszirkel."

Die Stille, die auf diese Worte folgte, gab mir zu denken. Vielleicht hatte niemand gehört, was ich gesagt hatte, also hob ich den Kopf und wiederholte lauter:

„Ich werde zum Vortragszirkel im Pionierspalast nicht mehr hingehen."

„Hast du dir das mit der Schauspielerei anders überlegt?" Mutter schob ihre Hand unter die Decke.

„Ja."

„Was willst du dann werden?" Sie entfernte den Fiebermesser aus meiner Achselhöhle.

„Wenn du willst, werde ich Bestatter."

„Gefällt dir dein Lehrer nicht?" Sie kämmte mein verschwitztes Haar mit den Fingern zur Seite.

„Es liegt nicht an Otar. Der da hat gesagt, dass das Institut von Gori keine Schauspielfakultät hat."

Ich schaute zu meinem Bruder, der sofort laut auflachte. Ich konnte es nicht sehen, bin mir aber ziemlich sicher, dass dabei die Brotkrümel in der ganzen Ecke zerstreut wurden.

„Er kann sich nicht mal vorstellen, fürs Studium in eine andere Stadt zu ziehen, wie soll er bloß in die Armee gehen?"

Mutter nahm den Fiebermesser in die Küche mit (39,5 Grad gab mir nicht das Recht, die Verdunklung auch anderer Räumen zu verlangen). Aber worauf wartete er? Wieso folgte er ihr nicht samt seinen Atlassen und Heften? Mir fiel es immer schwerer, die Augen zu öffnen. Im Kopf wirbelten irgendwelche Wörter herum. Die Wörter wurden von kompletten Sätzen abgelöst. Hundeschwanz. Armee. Schwarzer Stierkopf. Schaut auf die Felder von Kartlien. Die Burg von Gori. Ich habe deinen Sohn aufgegeben. Huckleberry Finn. Eisbrecher. Werkausstellung. Neunter Mai.

„Maaaaam…!"

Mutter liebte es, Gedichte vorzulesen – aber nur dann, wenn sie gut gelaunt war. Wenn sie sich ärgerte, rannte sie in die Küche und schrubbte unter lautem Fluchen Pfannen, Töpfe, Wände, Fliesen … In Stunden der Ruhe las sie alle Gedichte auf die gleiche Art – monoton, einschläfernd. Sie verlangte nie von mir, mit eigenen Worten zu erklären, was ich verstand, und ob ich überhaupt etwas verstand. Ich glaube, sie verstand selbst nicht viel. Gedichte stellten ein Schlafmittel dar. Gedichte stillten jeglichen Schmerz. Sie nahm vom unteren Regal ein beliebiges Buch, das ihr in die Hände fiel, schlug es auf und begann mit ihrer etwas tiefen Stimme vorzulesen.

Ich hatte Fieber, trug nach Essig stinkende Socken und

spürte im Mund den ekligen Geschmack des Arzneimittels. Sie hätte nicht Nein gesagt, wenn ich sie darum gebeten hätte, mir etwas vorzulesen. Die Gedichte jener Dichter, die den Tod liebten. Die Gedichte jener Dichter, die außer dem Tod auch das Leben liebten. Die Gedichte jener Dichter, die an Kiefernnadeln hängende Regentropfen liebten. Die Gedichte jener Dichter, die nur ihrer eigenen Stimme zu lauschen liebten.

„Maam! Wo bist du?"

Gedichte zum Fiebersenken. Gedichte zum Lösen von Hustenschleim.

„Maaam! Es ist sehr dunkel geworden."

Ich stand an einem unbekannten Gebäude. Es war eine windstille Nacht. Auf der laternenbeleuchteten Straße standen dreistöckige Häuser aneinander gereiht. Baumschatten lagen ausgestreckt auf der leeren Straße. Ich öffnete eine Tür und fand mich in einem wunderschönen Café wieder. Die Tische waren mit roten Tischdecken gedeckt, in den mit frischen Blumen verzierten Kerzenleuchtern standen lange, weiße Kerzen. Niemand war zu sehen. Ich spürte, wie mir schwindlig wurde, also setzte ich mich auf einen Stuhl. Aus dem Schulranzen nahm ich ein Buch heraus – wie es sich herausstellte, ein Gedichtband. Von mehreren Generationen benutzt, mit abgenutzten Ecken und eingerissenem Umschlag. Ich begann laut vorzulesen. Ich fand es schade, dass niemand mitbekam, wie gut ich vorlas: Ich ließ mir jedes Wort auf der Zunge zergehen, ich kostete es geradezu aus. Jedes einzelne Wort war äußerst bedeutsam und ich verstand seine Bedeutung vollkommen. Mir war immer noch schwindlig. Ich begriff, dass wahrscheinlich die um die Kerzenständer gewickelten namenlosen Blumen schuld daran waren – mir wurde wegen ihres unangenehm süßlichen Dufts schlecht. Ich ließ das Buch auf dem Tisch liegen und ging nach draußen. Auch auf der Straße hatte sich dieser Duft ausgebreitet. „Berlin", dachte ich verblüfft. Dann hob ich den Kopf und schaute auf das Café, in dem ich vor zwei Minuten Gedichte vorgetragen hatte. Über ihm leuchteten irgendwelche purpurroten Wörter, deren Bedeutung ich nicht verstand.

„Er wird nicht einberufen, Mam, oder?"

Mutter legte ihre Hand auf meine Stirn.

***

Zur Schule kehrte ich nach zehn Tagen zurück – ich hatte schwarze Augenringe und war sehr ruhig. Die Kinder waren damit beschäftigt, die Hausaufgaben abzuschreiben. Die neue Putzfrau hatte den Klassenboden mit einem in Kerosin eingetauchten lumpigen Lappen gewischt und alles um uns herum stank fürchterlich. Die vorige Putzfrau war von einem Hochhaus in der Kombinat-Siedlung gestürzt – man fand sie im Morgengrauen leblos und sanft zugeschneit (natürlich konnten einige Mädchen sogar beim Abschreiben von Hausaufgaben mit dem Geschwätz nicht aufhören).

Mir kam es vor, als ob die Pausenklingel sehr lange auf sich warten ließ.

Nach der Pausenklingel verging eine sehr lange Zeit, in der niemand erschien.

„Russisch fällt aus!"

„Komm, lass uns Rutschen gehen!"

„Die alte Rutschbahn ist schon dahin. Lass uns eine neue bauen."

„Heute wird es wieder schneien."

„Sie wollte heute die Noten für die Klassenarbeit bekannt geben."

„Der Mathelehrer hat zu jemandem gesagt, sie müsse Bettruhe einhalten."

„Was müsse sie einhalten?"
„Ach, komm schon mit."
„Und wenn die Stunde doch nicht ausfällt?"
„Sie fällt doch schon aus, merkst du das nicht?"

Als ich die Augen wieder öffnete, fand ich mich ganz allein im Klassenzimmer wieder. Das Alleinsein roch stark nach Kerosine, aber es war dennoch angenehm.

Ich nahm einen blauen Kugelschreiber aus der Manteltasche, durchwühlte den Schulranzen sehr lange, fand das Russischheft, schlug es auf und schrieb darin auf Georgisch:

G o r i .

Ich hatte weder die Zeit zum Nachdenken noch dazu, mir um die Zeichnung der Buchstaben Sorgen zu machen. Mir würde auch niemand Vorwürfe machen, weil ich Grammatikregeln missachtete.

Ich wusste nicht, warum – warum ich schrieb, dass ich meine Stadt für die beste hielt. Dass ich noch nie eine andere Stadt gesehen hatte, spielte doch keine Rolle. Ich war ein Teil von Gori, und ich würde es nie verlassen – ich würde hier lernen, würde ein Mädchen aus meiner Klasse heiraten, als Gepäckträger oder als Leiter eines Folkloreensembles arbeiten, am Ende würde mein Bruder mir eigenhändig ein Grab auf dem Hügel von Kwernaqi ausheben. Niemals hätte ich auf diese vertrauten Straßen, Bäume, Häuser und Wohnblöcke verzichten können, auch nicht auf die anderen Gebäude und den einzigen Palast, an dessen Fenstern hellrosa Vorhänge hingen. Ich hätte auch nicht auf die im Zentrum von Gori aufragende Burg verzichten können – je entfernter der Punkt war, aus dem ich sie betrachtete, desto eindrucksvoller erschien sie mir. Ich konnte mir ohne größere Anstrengung ausmalen, wie schwer bewaffnete Krieger über ihre schmalen Pfade rauf und runter liefen, wie die Blüten an den Apfel- und Pfirsichbäumen in den wunderschönsten Gärten von Kartlien blühten ... Die Fluchtpläne, in die ich nicht einmal meinen eigenen Bruder einweihte, waren auch ein Teil jener Dummheit, die zu begehen zu meiner Berufung und zu meiner Hauptaufgabe geworden war. Wieso dachte ich, dass ich in einer anderen Stadt keine Burg vorfinden würde? Wieso dachte ich, dass ich, von Eifersucht geplagt, auf das Lernen der Weltgeschichte verzichten müsste? Der Gedanke, dass ich eines Tages Soldat werden könnte und die Schwere der Pflicht mich erdrücken würde, jagte mir Entsetzen ein, aber ich wusste auch, dass Heldentum nur einen Schritt von Feigheit entfernt war. Und ich war glücklicherweise in der Lage, sowohl einen Deserteur als auch einen Helden zu spielen.

„Wo zum Geier ist die gesamte Klasse?"

Die Klassenlehrerin trug lange Stiefel mit spitzen Absätzen und es fiel ihr schwer, das Gleichgewicht zu halten.

„Ich weiß nicht."

Sie packte mich am Kinn und brüllte:

„Ich werde euch alle bäuchlings begraben!"

Sie machte einige Schritte Richtung Tür.

„Und was machst du in diesem leeren Zimmer?"

Ihr Gekreische ritzte meinen Körper an wie eine Rasierklinge.

„Ich wiederhole das Gedicht, Frau Lehrerin."

„Welches Gedicht?"

Was blieb mir noch übrig – ich hob den Kopf und brüllte heraus:

„Nach jedem neuen Sieg
führte ich als Regel ein,
begeistert zu rufen:
Das ist die Burg von Gori!"

DIE ERFINDUNG DES OSTENS

> *„Ich muss lernen, nicht am Brot,*
> *sondern am Goldbarren zu sparen."*
> Diana Anfimiadi

Er hatte sich nicht ausgezogen. Ihm war klar, dass ihm eine schlaflose Nacht bevorstand. Billiges Bier und Wodka lösten bei ihm Brechreiz aus, aber er wusste: Auch wenn er sich die Gedärme des vor zwei Tagen abgeschlachteten Hundes übers Gesicht schmieren würde, könnte er sich nicht übergeben. Er war dazu verdammt, derart zu leiden. Er musste in der Wohnung herumirren und aus der Tiefe der Nacht grauenhafte Bilder heraufbeschwören. Sie hatten den Hund aus Versehen getötet. Die Jungs wollten prüfen, wie scharf das geklaute Messer war – einfach so, aus Langeweile. Kein Zweifel, das Ganze würde ihm noch sehr oft und sehr deutlich vor Augen treten und ihm in den schwülen Sommernächten den Atem rauben. Mit der Angst würde er irgendwie fertig werden, aber nicht mit der Gänsehaut, die kam, wenn Beobachtetes und Phantasiertes ineinander flossen. Er war sein Gefangener – Gefangener des im Gedächtnis hängengebliebenen und durch die eigenen Phantasien verfinsterten Bildes, das ohne einen Rahmen irgendwo in der dunklen Leere schwebte.

Bevor er die Augen öffnete, spürte er, dass der staubige Wohnzimmerboden mit dem alten Teppich sich unter seinen Füßen davon machte. Die Kerze fiel aus dem Leuchter und erlosch, aber in den wenigen Sekunden zwischen Augenöffnen und völliger Finsternis sah er, wie der Kronleuchter schaukelte und seine Glasperlen gegeneinander prallten. Es sah so aus, als ob das Zimmer vorhätte, in zwei Teile zu zerfallen: Es war zu groß und versuchte, mittels der primitiven Methode der Zellteilung der langweiligen Eintönigkeit zu entfliehen.

In der dunkelsten Ecke, in der mit Büchern vollgestopfte Regale standen, fiel etwas mit einem dumpfen Geräusch zu Boden. Wahrscheinlich ein schlecht verstautes Buch. Aber war es überhaupt ein Buch? Es war denkbar, dass in dieser fremdartigen, gefährlich lärmigen Nacht alles lebendig wurde. Er ahnte, dass etwas geschehen würde. Und da – es geschah auch.

Erdbeben!

Er spürte den Brechreiz, und obwohl er kaum noch die Kraft hatte, auch nur einen Schritt zu machen, stand er auf und schleppte sich zu den Bücherregalen. Unterwegs stolperte er über etwas, und sofort glaubte er, irgendein Wesen mit dunklem Fell und aufgeblasenem Bauch sei zwischen seinen Beinen hindurchgerutscht und komisch trippelnd zur anderen Zimmerecke gelangt. Geister fehlten ihm gerade noch! Jetzt stieß er gegen einen Stuhl – der Stuhl war echt. Das ganze Mobiliar war vor Dutzenden von Jahren als Spezialanfertigung für einen sowjet-georgischen Minister bestellt worden. Der Urgroßvater seines Freundes, in dessen Fünf-Zimmer-Wohnung er übernachtete, war im vorigen Jahrhundert verstorben und beobachtete die eigenen Nachfahren jetzt aus dem Porträt mit dem robusten Rahmen, das an der Wohnzimmerwand hing. Die Wände in den ehemals ministerialen Zimmern heulten jetzt zwar und bebten und versuchten sich zu teilen, aber das große Porträt des grimmigen Alten hing ganz entspannt an der Wand und die Tapete dort, golden gestreift, wurde vom Mondlicht beleuchtet.

Kaum wandte er den Blick von dem Gemälde ab, sah er neben der offenen Schlafzimmertür ein Mädchen mit offenen Haaren, mit einem kurzen Schlafrock bekleidet, das die Arme in seine Richtung streckte. Diese Wohnung jagte ihm Angst ein, und wären draußen die Straßen der dunklen Stadt nicht noch gefährlicher, er hätte auf die Übernachtung hier drinnen sicherlich verzichtet. Aber er wollte nicht bis zum Morgengrauen sturzbetrunken irgendwo umherirren und sich bei jedem Winseln streunender Hunde an die Eingeweide des toten Hundes erinnern. Wieso hatten sie ihn getötet? Sie waren nicht mehr so klein, dass ihre Grausamkeit durch natürliche Neugier erklärt werden könnte, aber auch nicht alt genug, um für ihre Taten in vollem Maße verantwortlich zu sein.

Es wäre besser gewesen, wenn er heute nicht wieder getrunken hätte. Er hatte sich schon so oft geschworen, nie mehr Wodka anzurühren, aber sobald er eine volle Flasche sah, vergaß er alle Vorsätze, die er seit seiner Geburt gefasst hatte.

Er erinnerte sich an dieses Mädchen: die rechtmäßige Inhaberin dieser Wohnung und etwas merkwürdige Erbin ihres berühmten Vorfahren. Sie grüßte niemanden, zumindest nicht diese Jungs. Vielleicht mochte sie gar keine Jungs und war eine von der Sorte, die sich nur vom eigenen Geschlecht angezogen fühlt? Woher sollte sie die Geschichte von dem Hund oder andere Geschichten dieser Jungs kennen? Redete sie überhaupt mit jemandem?

„Das war ein Erdbeben", sagte das Gespenst mit den offenen Haaren und sackte neben der Schlafzimmertür zusammen.

Er sprang in der Dunkelheit über sich selbst, strich der Bewusstlosen die Haare zur Seite und starrte im Mondlicht auf ihr Gesicht: Sie hatte eine hübsche Nase und hübsche Lippen, die jetzt entsetzlich bleich aussahen. Er überlegte sich, ob er eine Kerze anzünden und ihren Bruder wecken sollte, merkte aber sofort, dass ihm das nicht gelingen würde. Unmöglich, die verloren gegangene Kerze zu finden; und was ihren besoffenen und besinnungslosen Bruder anging, so hätte den nicht mal das Jüngste Gericht samt singenden Engeln und Zirkustamtam wieder nüchtern gemacht. Er lag angezogen auf dem breiten Bett im Schlafzimmer seines Urgroßvaters und schwang sogar im Schlaf das Messer. Im anderen Zimmer lag die Gattin des Ex-Ministers, eine fast neunzigjährige Frau, und starb still vor sich hin. In der Wohnung war sonst niemand.

Er konnte bei dem Mädchen keinen Puls finden. Er ohrfeigte sie – einmal, zweimal. Er hätte sie mit größtem Vergnügen auf den Mund geküsst. War doch egal, dass sie sich kalt anfühlte und in diesem Schlafrock einem Gespenst ähnelte. Wahrscheinlich trug man solche komischen Kleidungsstücke mit breiten Rändern und schmalen Lederriemen vor Jahrhunderten. Er rieb ihre Hände und biss sie in den linken Arm – mit voller Kraft, schonungslos. Die Bewusstlose schrie gedämpft auf. Erst jetzt bemerkte der Junge die steifen Brustwarzen unter dem dünnen Stoff und bereute, die Gelegenheit verpasst zu haben: Vor einigen Minuten hätte er sie ganz einfach berühren können. Ja, er war ein Tier – ein betrunkenes und scheues Tier.

Es kam ihm merkwürdig vor, dass die Schwester seines Freundes ihn umarmte. Sie presste sich zitternd an ihn, als wäre er eine Platane am Straßenrand. Das Mädchen suchte nach Halt – nach irgendetwas, das in vor Finsternis schwerer Luft bewegungslos dasteht und seine Äste in die Nacht ausstreckt, um unsichtbare Gefahren abzuwenden.

Er streichelte ihr über den Kopf – ihm fiel nichts anderes ein, denn er war nicht imstande nachzudenken, er befürchtete zudem, dass unüberlegte Handlungen das nächste Erdbeben oder etwas Ähnliches verursachen könnten. Die

Gegenstände kehrten an ihren Platz zurück. Im Wohnzimmer schaukelte und wankte nichts mehr, nichts mehr knirschte und knisterte. Auch die Ketten des Kronleuchters klirrten nicht mehr. Sie saßen beide auf dem Teppich, und dieser alte, grünlich-beige Teppich flog nirgendwohin. Die Finsternis war zwar geblieben, aber die Angst – zumindest ein Großteil davon – war verflogen.

„Wie heißt du?" Als er die Frage stellte, berührte er das Ohr des Mädchens mit den Lippen.

„Ia".

Er begriff, dass, wenn er nicht sofort damit beginnen würde, er es nie mehr wagen würde und dann sein ganzes Leben lang bereuen müsste, die beste Gelegenheit verpasst zu haben. Also sagte er mit tiefer Stimme zu ihr:

„Ia, bis morgen ist noch viel Zeit …"

„Ich weiß, und hör auf, meine Brüste zu befummeln."

***

Sie neigte den Kopf etwas nach hinten und starrte auf einen imaginären Fleck. Die Wörter wurden eins nach dem anderen lebendig, die Wörter erweckten einander zum Leben.

„Erzähl mir keine Märchen!"

In der Dunkelheit ertönte Ias Stimme.

Er kam zu sich und bemerkte erst jetzt, dass es noch dunkler im Zimmer geworden war, während er durch die schwach beleuchteten Tunnel seiner Phantasien reiste. Wahrscheinlich hatte sich der Mond hinter den Wolken versteckt. Was blieb ihm noch – er begann eine lange Mauer an Mutmaßungen zu errichten. Er begriff, dass alles, was in seinem Kopf die Festigkeit eines Gedanken erlangte, aufeinander gelegt und verbaut werden müsste. Er musste unbedingt etwas bauen, denn genau von der Robustheit dieses Gebäudes hing es ab, ob er dem Horror und der Sinnlosigkeit dieser Nacht entfliehen könnte. Zudem schaffte er nicht, die Gedanken über Ias Knie zu vertreiben. Er hatte diese zwei weißen Flecken, diese zwei Rundungen die ganze Zeit vor Augen. Seit der ersten Berührung hatte er das Gefühl, dass er ihren Körper sehr gut kannte und die vertrauten, begehrlichen Kurven ihn zu sich riefen, ja mit eigenem Wunsch nach ihm zitterten.

Sie saßen immer noch auf dem staubigen Teppich, aber sie berührten einander nicht mehr.

Plötzlich kam es ihm so vor, als ob er in diesem großen Zimmer mutterseelenallein wäre. Es fehlte nicht viel, und die hinter seinem Rücken schweigenden Bücherregale würden auf seinen Kopf einstürzen. Die Wirklichkeit hier wurde so deformiert, wie die herausgerissenen ersten Blätter des Tagebuchs aus der Schule, die verbrannt werden sollten. Nein, etwas brannte tatsächlich, aber was?

Die Geschichte, die er erzählte, spielte sich in einer nicht allzu fernen Vergangenheit ab. Er war damals sechzehn Jahre alt, und seine Neugierde wurde von Frauen wie von Männern gleichermaßen geweckt. Er hatte keine Ahnung vom Sex. Also schmiedete er lediglich Pläne, wie er die Objekte seiner Begierde vernichten könnte. Er wollte die geliebten Menschen gleich in seiner Phantasie zu Staub machen und dann diesen Staub so lange einatmen, bis er weg wäre. Eines Tages nahm er all seinen Mut zusammen und unternahm den Versuch, eine richtige Beziehung einzugehen: Er versuchte einen saufenden und verwahrlosten Schriftsteller mit pädophilen Neigungen zu verführen, was leider misslang. Um ehrlich zu sein, wusste er nicht mal, wie er sein Interesse wecken sollte. Er wiederholte aus amerikanischen Filmen aufgeschnappte Zitate, aber irgendwie komisch. Dabei war er sich sicher: Noch ein bisschen, und der Mann würde sich nicht mehr beherrschen können –

aber genau dieses „bisschen" schien unüberwindbar. Nach einer Feier im Sommer blieb der Mann, ein alter Freund seines Vaters, gemeinsam mit anderen Gästen über Nacht in ihrem Ferienhaus. Er ergriff die Gelegenheit und legte sich zu ihm ins Bett. Der fast fünfzigjährige Schriftsteller machte allerdings einen riesigen Aufstand, er beschimpfte ihn und drohte sogar, alles seinem Vater zu erzählen. Wie hätte er denn sowas denken sollen? Er wusste doch genau, dass der Mann kleine Jungs mochte und etliche Liebhaber in genau seinem Alter hatte, die zu allem bereit waren, um auch nur eine Nacht mit ihm zu verbringen.

Das war seine erste große Enttäuschung. Einige Wochen hasste er sich selbst dafür.

Dann nahm er die Frau eines anderen Freundes seines Vaters ins Visier. Im Allgemeinen mochte er den Freundeskreis seines Vaters nicht: betont unordentliche, semi-intellektuelle Typen, die Whisky tranken und für die Finanzierung irgendwelcher Projekte Geld verlangten – mal direkt, mal indirekt; ein paar von ihnen Männer, die sich stets lautstark über sehr wichtige Angelegenheiten unterhielten – für gewöhnlich rauchten sie viel und tranken alles, was ihnen in die Hände fiel; gewissenhafte Säufer, die sich nicht als Künstler ausgaben; außerdem Freunde aus der Kindheit, die fast alle mit ihrem Leben unzufrieden waren und ihren Kummer in den großzügig angebotenen alkoholischen Getränken ertränkten. Der Mann, von dessen Ehefrau er den Blick nicht mehr abwenden konnte, war ein bekannter Juwelier und Inhaber einer ganzen Kette von Schmuckgeschäften. In seinem Salon konnte man auf Raritäten stoßen, die man in anderen Ecken der Welt selten finden würde. Die besonderen Schmuckstücke fertigte er eigenhändig an und verkaufte sie für einen sehr hohen Preis. In den Geschäften wurden lediglich Kopien verkauft, und von einigen Stücken gab es gar keine Zweitanfertigung, denn ihr Schöpfer wollte nicht, dass sie irgendwie Verbreitung fänden. Für gewöhnlich verwöhnte er mit diesen entzückenden Stücken seine eigene Gattin.

Halima, so ihr Name, stammte aus Irak, und in ihren Augen hatten sich die Nächte des gesamten Universums eingenistet. Der Freund seines Vaters hatte sie während seines Aufenthalts in Spanien kennengelernt und von dort mitgebracht.

Der Junge hatte eine so hübsche Frau noch nie gesehen, und bei ihrem Anblick begriff er sofort, dass er über Frauen und dunkle Nächte viel, sehr viel nachdenken würde. Mit all ihren Merkwürdigkeiten und ihren vielen Gesichtern, kamen sie ihm nicht mehr wie Teil eines entfernten Universums vor, sondern jede von ihnen verwandelte sich selbst in ein neues Universum, das entdeckt werden wollte – sie waren völlig anders als der Rest, und sie waren äußerst begehrenswert. Halima war ein Wunder: Sie hinterließ den Eindruck, als könne sie in jedem Zimmer des riesigen Hauses gleichzeitig lärmen und alles aufwirbeln. Hatte man auch nur einmal ihre dunklen Schultern und Knie gesehen, so blieben sie für immer im Gedächtnis und gaben einem keine Ruhe mehr. Sie hätte besser stets geschwiegen, denn sobald sie mit einem sprach, bezirzte sie ihn augenblicklich und raubte ihm die letzte Kraft.

Er landete im Bett dieser Frau, ohne es selbst begriffen zu haben. Als wäre es ein Traum in der Nacht, und derjenige, der ihn sah, schuf so zum ersten Mal im Leben eine eigene Wirklichkeit, die die erwünschte Form leicht und ohne Anstrengung annahm. Aus dem Universum verschwand alles, und die entstandene Leere füllte sich mit Lust. Sein Körper vergrößerte sich merkwürdig, als würde *er* zum ganzen Universum. In solchen Momenten hat man nicht einmal vor den banalsten Sprüchen Angst, denn auf dem Höhepunkt der Lust lassen sie ihre abgenutzte Schale ganz selbstverständlich fallen und beginnen in der ursprünglichen Reinheit zu glänzen. Auch er erklärte der Frau die Liebe so – mit einfachen Worten, die in der vom Duft der geliebten Frau durchtränkten Luft wie Edelsteine glitzerten. Mehrere Monate lang schaffte er nicht, wieder nüchtern zu werden: Halimas Duft betörte ihn und stachelte ihn an, die irrwitzigsten Taten zu begehen. Er war bereit, seiner Geliebten bis zur Ende der Welt zu folgen. Er erfüllte wortlos jeden ihrer Wünsche, und beinahe hätte er noch eine Straftat begangen – eine so schwere Tat, dass sie ihn den Kopf hätte kosten können …

„Was für eine langweilige Geschichte", stöhnte das Mädchen, das auf dem Teppich lag und dem Jungen aufmerksam zuhörte. Vor einigen Sekunden war es ihr so vorgekommen, als hätte der Boden sich wieder bewegt. Sie starrte in die Dunkelheit, dorthin, wo sie den Deckenleuchter vermutete, begriff aber, dass die Dunkelheit das Zimmer fest im Griff hatte. Die Dunkelheit rührte sich nicht vom Fleck. Das Mädchen sagte nichts: Sie befürchtete, in den Augen dieses Schwätzers als Angsthase dazustehen. Was verdammt war, zerstört zu werden, würde in jedem Fall zerstört werden, während diese nur zur Hälfte erzählte Geschichte ihr als ein Zufluchtsort erschien, wenn auch kein sicherer.

Der Erzähler war vom Erzählen so hingerissen, dass er die Brüste des Mädchens vergessen hatte, er streckte die Arme in die Finsternis hinaus und zeichnete dort die Silhouetten seiner Charaktere nach. Er schuf sie auf die Schnelle und erweckte sie zum Leben. Alles, was er in Worte verwandelte, entsprang ja seiner Phantasie, und seine einzige Zuhörerin fand es sogar schade, dass das Ganze die Kunst allein einer Nacht bleiben würde. Sobald er verstummte, würde die

Geschichte zu Ende gehen, und die Tür zu jener Welt, die dank eines glücklichen Zufalls so leicht vor ihr aufgegangen war, wäre für immer verschlossen. Und doch wollte sie den Ausgang der Geschichte möglichst bald erfahren: Sie war ein wenig ungeduldig, wie jedes Mädchen, die neben einem Jungen liegt. Hatte er sich dieses andere Märchen etwa nicht deshalb ausgedacht, um Ias Herz zu gewinnen?! Er erzählte ihr die Geschichte doch deshalb so voller Gefühl, damit sie möglichst lange bei ihm blieb.

„Jener Sommer verging so leidenschaftlich, dass es wahrscheinlich keinen Sinn hat, weiter zu erzählen …"

„Natürlich hat es einen Sinn." Ia lächelte ihn an, aber der Junge konnte ihr lächelndes Gesicht nicht sehen. Er brauchte das gar nicht. Der Junge sah in der völligen Dunkelheit das Wichtigste am besten.

***

Die schwarzen Augen der Frau sahen wie Abgründe aus, wie schicksalhaft aufgerissene Mäuler. Leider konnte man sich an nichts festhalten – es waren weder Felsenvorsprünge zu sehen, noch Wurzeln, die in der Luft herausragten. Aber er wollte nicht bloß ein Spielzeug sein, leicht zu entwenden und das war's. Obwohl ihm klar war, bald würde sie seiner überdrüssig werden und ihn erbarmungslos wegwerfen. Eines Tages fand er Schmuckstücke in seinem Rucksack: Armbänder, Ringe, Ohrringe, Halsketten. In der Vordertasche lag ein wunderschönes Klappmesser, kunstvoll bemalt, der Griff zudem mit Edelsteinen verziert und die Schneide sehr scharf. Er begriff, dass er in großen Schwierigkeiten steckte, aber er sah keinen Ausweg. Halima war seine erste Frau: Er sah nichts außer ihr. Währenddessen beklaute sie ihren Mann vor seiner Nase: Sie versteckte die seltenen Artefakte, die unschätzbaren Schmuckstücke dreist im Rucksack ihres Geliebten. Erst später weihte sie ihn in ihre Pläne ein: Sie wollte bald fliehen – sie wollte versuchen, ihr ganzes Leben zu ändern, alles von vorn beginnen. Es ähnelte dem Sujet eines Films, an dessen Ende die Schuldigen von den in letzter Sekunde zur Besinnung gekommenen Polizisten verhaftet werden. Er bekam Angst. Allmählich wurde ihm der Ernst der Sache klar, und nun verlor er jegliche Lust, sich wegen dieser Frau in Gefahr zu bringen. Auch zweifelte er nicht daran, dass sie ihm nicht lange treu bleiben würde. An irgendeiner Kreuzung würde sie ihn in entsetzt und in verwirrtem Zustand zurücklassen. Ja, genauso wie im Film.

Nach Halimas Plan sollte der Junge den Schmuck nach Hause mitnehmen und dort verstecken. Am Tag ihrer Flucht würde er ihn ihr zurückgeben und, wenn er wollte, mit ihr gemeinsam in irgendeine große und schöne Stadt fliegen, zum Beispiel nach Istanbul.

Erschrocken und entsetzt wie er war fiel ihm nichts Besseres ein: Kaum hatte er das Haus des Freundes seines Vaters verlassen, warf er die Schmuckstücke in die nächstgelegene Mülltonne.

Auf diese Weise befreite er sich auch gleich von seinen Schuldgefühlen und einer Liebe, die ihm das Leben zunehmend schwerer werden ließ. Er drehte noch das Messer mit dem bunten Griff eine Weile in der Hand, prüfte mit dem Daumen die Schärfe der Schneide und entsorgte dann auch das – er warf es in die gleiche Mülltonne ...

Er verstummte.

Er merkte, dass seine Erzählung Ia nicht egal war: Sie hörte ihm nicht nur zu, weil das der einzige Zeitvertrieb in dieser endlosen Nacht war, sondern, weil etwas ihre Neugierde geweckt und sie verzaubert hatte. Er legte eine kleine Pause ein und lauschte den Geräuschen der Nacht. Das

Herz des Mädchens schlug höher: Das, was da vor ihren Augen zu einer Geschichte geworden war, hatte sie völlig eingenommen. Ab und an gab das Haus ein Lebenszeichen von sich – mal knisterte etwas in der Ecke, mal stöhnte die Sterbende im anderen Zimmer, mal schimpfte Ias Bruder im Schlaf mit jemandem und drohte ihm an, wie einen Hund werde er ihn abschlachten und häuten. Eigentlich müsste hier, auf einem der Regale, eine Kerosinlampe stehen, ein altertümlicher Gegenstand, den schon mehrere Generationen angestarrt hatten. Er dachte genau über diese Kerosinlampe nach. Er stellte sich vor, wie der Raum aussehen würde, wenn die große, runde Lampe mitten auf dem Tisch stünde und alles um sich herum mit einem goldschimmernden, zauberhaften Licht erhellte. Wie würde dann die Geschichte ausgehen, die er sich gerade ausdachte? Was würde in dem Zimmer geschehen, in dem die Ränder dieser Geschichte vor ihren Augen verziert wurden? Gott sei Dank, dass die altertümliche Lampe von einem fürsorglichen Menschen versteckt worden war, während der Vorrat an Kerzen erfreulicherweise zur Neige ging.

Sie lagen auf dem grünlich-beigen Teppich. Das Mädchen leistete keinen Widerstand mehr. Der Junge erzählte weiter und fummelte mit einer Hand unter ihrem weißen Schlafrock herum: Er streichelte ihre Brüste.

Die Hände des Erzählers glitten über den Körper des Mädchens. In der Kühle der Nacht empfanden sie die Wärme und Weichheit der glatten Haut als angenehm. Ia lag auf dem Rücken. Bald wurden die Handbewegungen schneller, ungezügelter. In der Dunkelheit ähnelten die beiden einem auf wundersame Weise zum Leben erweckten Fabeltier – mit vier Beinen, vier Armen und zwei Köpfen, von denen einer den anderen gierig, unersättlich küsste. Der Junge vergrub sein Gesicht zwischen den warmen

Brüsten des Mädchens – er wollte genau diesen Augenblick festhalten. Die nächtliche Aufopferung lohnte sich zweifellos, um auch nur für eine Sekunde so innezuhalten, dem Herzschlag des Universums zu lauschen … Aber bald sprach er weiter – mit der Zunge, mit den Händen, mit dem ganzen Körper. Die Stimme war nicht mehr zu hören. Diese Geschichte zu beenden, war jetzt nur schweigend möglich. Aber Ia begriff, dass sie kein solches Ende haben wollte, besser gesagt, sie erwartete am Ende nicht den Lärm, der laut der stillen Vereinbarung von zwei Körpern verursacht wurde, sondern die Aufklärung des Ganzen. Anderenfalls verlöre die Geschichte ihre ganze Süße, ihr ganzes Aroma. Das Mädchen befreite sich aus den Händen des benebelten Erzählers und stellte sich unter das Porträt ihres Urgroßvaters, das vom Mond, der sich aus den Wolken davongeschlichen hatte, wieder golden beleuchtet wurde. In diesem Moment bedeutete Ia dem Jungen alles. Ia war für ihn jetzt er selbst, den er wieder in die Hände bekommen und sich für immer einverleiben musste.

„Erzähl mir erst das Ende der Geschichte", sagte das Mädchen.

***

Die Zeit blieb stehen. Nichts mehr geschah, und das, was doch geschah, erschien ihm völlig sinnlos. Jeden Tag wiederholte sich das Gleiche: das Schlafzimmer seiner Geliebten, die Schmuckstücke, die Mülltonne, durch die Straßen schlendern mit einem dämlichen Lächeln auf den Lippen. Aber eines Tages im September setzte sich die Zeit wieder in Bewegung und das auch noch mit entsetzlicher Schnelligkeit: Halima wurde tot in ihrer eigenen Küche aufgefunden. Ihr Hals war mit einem mit Edelsteinen verzierten Messer mit buntem Griff aufgeschlitzt worden. Die blutige Tatwaffe lag ganz in der Nähe, neben der Küchenreibe und dem Entsafter. Alle Indizien wiesen darauf hin, dass diese grauenvolle Tat von ihrem Ehemann begangen wurde, der in der Schlafzimmerecke kauerte und stumm weinte. Er gestand später, die Frau deshalb umgebracht zu haben, weil sie ihn mit seinem besten Freund und dessen sechzehnjährigem Sohn zeitgleich betrog.

Das war die zweite große Enttäuschung, wegen der er sich seit Monaten hasste.

„Und das Messer?" fragte Ia.

„Welches Messer?"

„Die Mordwaffe."

„Die Mordwaffe ..."

„Wie fiel sie in die Hände des Mörders?"

Er wusste ganz genau, wie das Messer in diese Geschichte gelangte, aber das konnte er nicht preisgeben. Er hatte das Messer in seiner Vorstellung schon mehrmals weggeworfen, aber er konnte es nicht loswerden. Ein erbarmungslos aufgeschlitztes, hilfloses Tier ... Die Gedärme des Hundes ...

Er sagte kein Wort mehr. Er umarmte das Mädchen und begann sie zu küssen.

Sie lagen immer noch auf dem Teppich – nackt, mit rasendem Herzschlag. Ia kauerte wie ein Kätzchen da und leckte mit ihrer warmen, matten Zunge seinen Bauch.

„Jetzt sag mir, wie du heißt."

„Irakli, Ika – wie es dir lieber ist."

„Das heißt, wir haben fast die gleichen Namen."

„Ja, das stimmt."

„Und das Messer?"

„In der Geschichte gibt es zwei Messer. Beide genau gleich, es sind Duplikate."

Er sprach jetzt mit geschlossenen Augen. Er hatte Angst, statt der Nacht etwas völlig anderes vorzufinden, wenn er die Augen öffnen würde – ihr graues Ende, ihren hässlichen Abschluss. Er konnte auch nicht mit Sicherheit sagen, ob diese Nacht nicht vollständig seiner Phantasie entsprungen war. Das, was in den letzten Tagen vorgefallen war, erschien vor seinen Augen nun mit doppelter Klarheit, und er begriff, dass nichts verschwunden war. Die Bilder hatten einfach die Plätze miteinander getauscht, und nun kehrten sie zu ihren eigenen Rahmen zurück. Gegen Ende der Nacht kam die Wirklichkeit allmählich zum Vorschein.

Nicht mal das Glück, für einen Augenblick zu verschwinden, lag mehr in seiner Hand.

FLORA UND FAUNA IM PARADIES

Die Dunkelheit riss ihr Maul auf und legte die rotaufgereihten Zähne frei. Dann erstreckte sich etwas Silberfarbiges über den gesamten Himmel und platzte geräuschvoll wie ein riesiger Kaugummi. Von irgendwoher rollte ein Bierfass und knallte mit lautem Krach gegen eine unsichtbare Mauer. Bier! Eine Flasche Bier! Ich würde das ganze Dorf gegen eine halbe Flasche *Natachtari* austauschen. Ich öffnete die Augen und folgte mit dem Blick dem Kometen mit dem dunkelroten Schweif. Im Nachthimmel erblühten nacheinander Rosen, Schwertlilien, Päonien und bunte Georginen. Das war eine Halluzination, was sonst? Das einzige, was ich, beziehungsweise mein abgekühlter, schweißvertrockneter Rücken ganz deutlich spürte, war die feste Erde unter ihm. Ich begriff, dass ich auf verdorrtem Gras lag, an einem Ort, von dem aus bekannte und unbekannte, von schwach schimmerndem Licht beleuchtete Gegenstände alle gleichermaßen verschwommen zu sehen waren. Konnte man überhaupt etwas sehen? Vielleicht hatte meine Phantasie dieses zweistöckige Haus errichtet, genauso wie das breite Gebäude mit dem überdachten Balkon auf der gegenüberliegenden Seite, auf dessen Treppe sich eine Frauensilhouette wiegte.

„Ika, Irakli, wie lange willst du noch dort liegen?"

Das war die Stimme meiner Mutter, die wahrscheinlich imstande war, jedes Wunder zu vollbringen, außer meiner Ausnüchterung.

Pfirsichsaft, der einen ins Leben zurückholt. Das Einmachglas, aus dem Kühlschrank genommen, und daran vereiste Finger. Auf der angelaufenen Oberfläche die Fingerabdrücke und große Schlucke Leben, mit dem Aroma der reifen Frucht. Alles schön und gut, aber es ist auch schwer, sich von der Erde zu trennen. Ich schloss die Augen wieder – ich wartete auf den nächsten, aus dem Erdinneren kommenden Stoß ... In dieser Nacht redete das Universum in einer merkwürdigen Sprache mit mir: Es sandte mir aus allen Richtungen Signale, die etwas Bedeutsames zu verkünden hatten. Die aufeinander folgenden Signale waren lang und kurz. Aber ich hatte leider keine Kraft, sie zu entschlüsseln oder bis zum Kühlschrank zu kommen. Ein Lärm wurde langsam unerträglich und brachte mich auf den Gedanken, dass das Haus nicht ausgedacht sein konnte, denn dann würden die Fensterscheiben nicht so laut klirren. Letztendlich hielt es die Sommernacht nicht mehr aus und stürzte mit voller Wucht auf mich.

„Wasser!", murmelte ich, als ich wieder zu mir kam. Um mich herum herrschte Totenstille, auch die Silhouette meiner Mutter war verschwunden. Ich setzte mich auf und erinnerte mich daran, dass Tina und ich ohne Unterbrechung bis zum Umfallen gesoffen hatten. In der ersten Nacht holte ich selbstgebrannten, etwas säuerlichen Wodka aus dem Keller, dann brachte sie ein bräunliches Gesöff mit, das man ihr aus Kachetien gesandt hatte und das von den Einheimischen als Eichenrindenkognak bezeichnet wird. Der Name beruhte auf einem schicksalhaften Missverständnis. Ich dachte mir noch: Was für eine Rolle spielt es, dass das Zeug von der Familie Montague stammt? Also tranken wir die Flasche in der Nacht leer. Gestern gab uns mein Vater einen doppelt destillierten Chacha[1], den er bisher versteckt hatte. Und wir wären beinahe draufgegangen. Dass Tina nicht daran sterben würde, war mir klar – sie hatte schon mehrere solche Trinkgelage überstanden samt Liebeserklärungen von mir mit Sprüchen wie: „Wenn du nicht meine Kusine wärst, würde ich dich heiraten".

In jenen Tagen ging es mir so schlecht, dass bereits ein einziger, leichter Schubs gereicht hätte, um mich kopfüber in irgendeinen finsteren Abgrund zu befördern. An dieser Grenzlinie zwischen Normalität und Absturz zu laufen erschien mir unerträglich schwer, ich war lediglich imstande, auf dem Rücken zu liegen und sinnlos verbrachte Tage zu zählen. Keine der zwingenden, nützlichen Beschäftigungen. Keine künstlerische Anspannung. Ich rasierte mir die Glatze – wenn die Befreiung von sich selbst sich als nicht lösbare Aufgabe herausstellte, so konnte ich doch zumindest einen kleinen Teil von mir loswerden! Vor allem, da ich mein schulterlanges Haar bisher sehr fleißig gepflegt hatte, ich betrachtete es als Bestandteil meines Selbstbildes. Als Schriftsteller. Aus Tiflis hatte ich die Romane von Michel Butor und Philippe Sollers mitgenommen – unendlich öde, langweilige Schinken. In den ersten Tagen las ich sie nachmittags, wenn Tiniko im Geschäft Kunden bediente und keine Zeit für mich hatte. Zu dieser Zeit lagen die Nachbarhunde von der Hitze ermattet in ihren Höfen herum, hatten keine Lust zu bellen und gaben sich damit zufrieden, manchmal den Kopf zu schütteln und mit dem Schwanz zu wedeln. Ganz selten ließ sich jemand auf der Straße blicken. Meine Eltern schlummerten in Erwartung der nächsten Nachrichtensendung. Was hätte sonst passieren sollen, dort, wo jeder seiner Beschäftigung nachging und einen eigenen Obstgarten besaß. Die Pfirsiche waren schon ausgereift, die Äpfel warteten noch darauf, an die Reihe zu kommen.

Auch ich hatte einen namenlosen Hund, beziehungsweise meine Familie – an Stelle ihres halbverlorenen Sohnes. Ich kann nicht behaupten, dass man ihn verwöhnte: Zwar fehlten ihm weder altes Brot noch andere Essensreste, aber um seine Erziehung und Ausbildung hatte sich niemand rechtzeitig gekümmert, also würde er eines Tages als ein einfacher, ungebildeter Hund sterben. Gott sei Dank, dass man mir zumindest einen Namen gegeben hat, dachte ich. Ich spürte meinen älter gewordenen Eltern gegenüber immer öfter Dankbarkeit, genau wie jetzt.

Als ich besinnungslos im Hof lag, brachte dieser Hund mich wieder zur Besinnung, er leckte mein Gesicht mit seiner feuchten, dünnen Zunge ab und bellte zwischendurch sanft die im Himmel erblühten Rosen, Schwertlilien, Päonien und Georginen an. Mir fiel ein, wie Tina einmal zu mir gesagt hatte: „Jeder weiß doch, dass dein Köter schwul ist, er läuft wie verrückt den Rüden nach."

***

Aber davor war etwas passiert, was meinen persönlichen Kontinent unausweichlich in Richtung Katastrophe verschob. Drei Monate vorher, an einem vom Mairegen durchnässten Abend, hatte mich Salome Lu überfallen. Ja, es war ein klassischer Überfall, mit allen seinen charakteristischen Merkmalen. Sie rief mich an, stellte sich als Journalistin der Zeitung „24 Stunden" vor und landete einer nicht zu erklärenden Gesetzmäßigkeit folgend in der gleichen Nacht in meinem Bett. Die Nacht verbrachten wir schlaflos, aber ich wusste auch bei Sonnenaufgang nichts über sie. Wie hieß sie in Wirklichkeit? Wo wohnte sie? Wurde sie tatsächlich von jener Zeitung geschickt, die sie mir am Telefon genannt hatte? Wenn sie wirklich für ein Interview gekommen war, wieso stellte sie mir dann keine Fragen? Die Fähigkeit, selbst Fragen auszuweichen und unerwünschte Themen geschickt zu ändern, war eine ihrer vielen, nicht minder wichtigen Fähigkeiten, die sie gleich in der ersten Nacht bravourös unter Beweis stellte. Ich war ihre Beute, aber insgeheim musste ich lachen: Welchen Vorteil hätte sie durch mich schon haben können?

Gleich an der Tür war mir ihr ungewöhnlich schöner Körper ins Auge gefallen. Später musste ich feststellen, dass sie sowohl angezogen als auch halbnackt oder ganz ausgezogen gleichermaßen verführerisch war. Was das Wichtigste war: Vor mir stand eine echte, meine Berührung erwartende Frau und nicht eine in schlaflosen Nächten unter Einsatz aller Vorstellungskraft ausgedachte Frau. Unsere Hände handelten unabhängig von uns, sie taten blitzschnell das, was mir erst nach einem Sekundenbruchteil in den Sinn kam, sie taten einfach das Richtige, bevor die Wünsche bewusst wurden, bevor vorbeiflitzende Gedanken sich gefestigt hatten. Es gab Minuten und Stunden, in denen ich außer ihrem Körper nichts im Kopf hatte.

Aber ich kann dennoch nicht behaupten, dass Salome Lu eine gute Liebhaberin war. (Dieses Pseudonym hatte sie sich für ein Literaturportal gegeben und war, wie sie behauptete, zur Sklavin dieses Namens geworden.) Sie würde für immer jenes kleine Mädchen bleiben, für die Sex ein Spiel war, ein beidseitiges Abenteuer und nicht Sex als Sex. Mir fiel es schwer, ihr das richtig zu erläutern, genausowenig konnte ich mir selbst darüber Klarheit verschaffen, was ich von meiner neuen Partnerin eigentlich erwartete oder verlangte, die weniger war als ein Ideal, aber mehr als eine gewöhnliche Liebhaberin. Stets erneuertes Spiel, ständiger Rollentausch, nicht enden wollendes Fest – nein, das hätte ich nicht lange ausgehalten. Natürlich wollte ich auch nicht, dass unsere Beziehung zu ernst würde und dieses schöne, kleine Raubtier vollends in meiner Welt aufging.

Wir verbrachten einen ganzen Monat zusammen – wir schlenderten von morgens bis abends ziellos herum und verschwendeten die Zeit des anderen mit größtem Vergnügen. Nachts schlief sie neben mir, schmiegte sich an mich mit ihrem ganzen Körper und leckte manchmal im Halbschlaf jenen Teil meines Gesichts ab, den sie mit ihrer Zunge ohne Anstrengung erreichen konnte. Wir gestalteten unsere Spiele zunehmend anspruchsvoller: Wir begannen, unsere Geschlechter zu tauschen, und nun versuchte sie leidenschaftlich – in ihrem „Männerkörper" – mich zu verführen. Den Gedanken fand ich so unterhaltsam, dass ich ihr keine Gegenwehr leistete. Für sie war ich mal Mann, mal Frau, während ich immer noch nicht wusste, was sie von mir erwartete, wieso sie mich unter anderen Schriftstellern ausgewählt hatte, die ihr auch ein einfaches Gespräch nicht ausgeschlagen hätten, geschweige denn solch ein umwerfendes Interview.

Sex vor dem Spiegel, Sex auf der Fensterbank, Sex mit ein bisschen Vergewaltigung – mir erschien dieser Karneval doch zu viel für ein einziges Wochenende. Wer hätte das anders empfunden? Die Vorstellungskraft dieses Mädchens war endlos wie das Universum und wuchs zudem kontinuierlich. Sie hatte keine Angst vor abgenutzten Sujets. Sie hatte keine Angst vor Klischees und auch nicht davor, sie auf den Kopf zu stellen. Eines Abends dachte sie sich etwas Neues aus: Sie wollte die unsterblich verliebte Julia verkörpern und ich, diesmal als Dramaturg, musste es schaffen, sie zu verführen. Was keine leichte Aufgabe darstellte. Ich gab mir so viel Mühe, dass ich sogar über den Horizont meiner eigenen Phantasien hinausging, aber am Ende des Spiels war sie sauer:

„Was soll der Scheiß? Du hast mich wie ein Taxifahrer gefickt!"

Anscheinend suchten wir im anderen etwas, das es dort nicht gab und nie gegeben hatte.

„Es ist an der Zeit, dass du mir deinen richtigen Namen verrätst."

Sie lächelte mich an und führte ihren Zeigefinger über meine Fußsohle.

„Ich werde es ja doch erfahren. Sollten wir etwa keine gemeinsamen Bekannten haben?"

Sie stand bereits in der Badezimmertür. Ihre Stimme klang gereizt:

„Alle kennen mich mit diesem Namen. Was willst du noch wissen? Ich habe noch nie bei ‚24 Stunden' gearbeitet. Ich habe mich zwar einmal auf eine Anzeige als neue Mitarbeiterin beworben, aber sie haben nicht zurückgerufen, und ich hab die ganze Sache vergessen."

Während sie duschte, dachte ich darüber nach, dass sie übertrieben hübsch war – sie hatte zwar ein wenig grobe Gesichtszüge, aber sie standen ihr. Ich war auf eine ungewöhnliche Schönheit getroffen – ohne es je gewollt oder danach gesucht zu haben. Davor hatte ich in der Regel mit guten Freundinnen geschlafen, bei denen ich mich wohl fühlte. Ja, das reichte mir. Der Reiz dieser einander ähnelnden Beziehungen bestand genau in ihrer Definiertheit. Jetzt freute ich mich einerseits, dass ich diese Verrückte an meiner Seite hatte, andererseits aber begriff ich, dass sie zu tief in meinen persönlichen Kontinent eingedrungen war. Sie hatte begonnen, die für andere bestimmten Territorien selbst einzunehmen.

Salome Lu nahm mir die Luft, sie nahm mir die Möglichkeit zu atmen.

***

Das ganze Haus wackelte so heftig, als ob ein unsichtbarer Riese es für ein Unkraut hielte und vorhätte, es samt Wurzeln auszureißen. Mein Kopf drohte zu platzen. Der Schmerz hatte bereits jede Einkerbung in meinem Gehirn ausgefüllt. Ich saß auf dem vertrauten, abgenutzten Sessel, hielt mir die Ohren zu und wartete wie auf ein Zeichen darauf, dass Kaffeeduft sich im Zimmer ausbreitete. Alles, was für mich im Leben auch nur eine winzige Bedeutung besaß, zerbrach krachend vor meinen Augen. Wie hätte ich mir auch vorstellen können, dass die Welt, die ich seit meiner Geburt bis zum gestrigen Tag erschaffen hatte, so fragil war.

„Weißt du was, das ist Surrealismus", sagte ich zu Tina, die ins Zimmer hereinkam und mir Kaffee brachte.

„Bist du immer noch nicht wach?"

Jetzt schälte sie einen Pfirsich und legte große Scheiben auf einen großen Teller.

Ich war nicht mal imstande, mit dem Kopf zu schütteln.

„Entschuldige, ich habe nichts anderes", sagte sie und stellte den Teller voller Pfirsichstücke auf den Tisch.

Ich betrachtete ihr Gesicht aufmerksam. Ihre Lippen kamen mir bleich vor, sie hatte dunkle Augenringe – es ging ihr anscheinend nicht gut. Die Folge dauernden Saufens. Wenn man sie danach fragte, behauptete sie, einfach so zu trinken, ohne es eigentlich zu wollen. Sie sähe einfach keinen anderen Ausweg. Obwohl sie ganz genau wusste, dass das übertrieben war. In ihrer Argumentation steckte vielleicht ein Quäntchen Wahrheit, aber mehr auch nicht. Sie verkürzte so einfach jene entsetzlichen Sommernächte, die sie zu Tode erschreckten.

Im Zimmer summten alle Arten von Insekten. In meinem Kopf schwang jemand mit voller Kraft einen Hammer – mit einstudierter Genauigkeit, alle paar Sekunden. Ich stellte den Fernseher stumm und starrte den Sprecher an, der in all den Jahre mit dem Bildschirm verschmolzen war. Merkwürdig, dass er es nicht satt hatte, immer das Gleiche zu tun, noch dazu in diesem knallfarbenen Studio mit dem toten, eisigen Licht. Er soll sich einfach eine Glatze verpassen und irgendwohin abhauen!

„Ich sagte, das ist Surrealismus", ich drückte fest Tinas Arm.

„Du tust mir weh!" Sie schrie mich an und verschüttete Kaffee auf meiner Jeans.

„Jetzt musst du sie waschen."

„Vergiss es. Soll sie doch deine Lu waschen."

Kaum hatte ich die Worte gehört, flog der gesamte Bienenstock in meinem Gehirn auf. Das Surren in meinen Ohren wurde lauter und unter meinen Füßen bebte der abgetretene Fußboden. Durch die offene Tür schlich sich der alte Hund ins Zimmer, kam direkt zu mir und legte sich zu meinen Füßen.

„Ist es nicht unglaublich, was für ein Angsthase er ist?"

Ich merkte, dass ich bereits wieder in der Lage war, zu nicken. Ich schaute dem Hund in die Augen – ich wollte herauslesen, welcher Gefahr er entflohen war, aber dort gab es nichts zu sehen. Hatten die Hunde aus der Nachbarschaft etwa vor, die alte Kordelia gruppenweise zu vergewaltigen? Ja, er hieß Kordelia. So nannten Tiniko und ich ihn nach langen Überlegungen und einer ernsthaften Diskussion.

Auf dem Bildschirm war eine Szene erstarrt: Ein Mädchen und ein Junge liefen Hand in Hand über eine leere Straße, und auf ihren Gesichtern stand eine solche Verzweiflung, als ob sie von Serienmördern und der vereinten Armee aller Dinosaurier verfolgt würden.

„Ich muss das Geschäft dichtmachen", sagte mir Tina, „ich habe gar keine Kunden mehr. In letzter Zeit gehen ohnehin nur Brot und Zigaretten."

„Gute Idee. Mach zu."

Ich war ein richtiger Egoist: Ich wollte, dass sie mehr Zeit für mich hatte. Und überhaupt, wie konnte man sich um ein Geschäft sorgen, wenn die Welt so fragil geworden war und vor unseren Augen in kleinste Teilchen zerbrach? Ich habe übertriebene Ernsthaftigkeit schon immer vermieden. Ich verfolge auch keine klaren Ziele, wenn man den Wunsch, Bücher zu schreiben, und nun auch die Entscheidung, Salome loszuwerden, außer Acht ließ. Die auf einer imaginären Grundlage aufgebauten Ideen, Vorstellungen, Gedanken, Wünsche aber waren allesamt in der maulaufgerissenen Dunkelheit verschwunden, die ganz in der Nähe, in meinem Kopf ihre giftigen Wurzel geschlagen hatte. Das, was draußen polterte und die Fensterscheiben erzittern ließ, nahm seinen Ursprung in mir – in meiner Hilflosigkeit und Feigheit; es wurde von meinen ewigen Zweifeln, meiner Unentschlossenheit, den flüchtig ausgedachten Lügen genährt.

„Mir platzt der Kopf."

Tina stand auf dem Balkon und hörte das nicht. Auch der Hund rührte sich nicht. Ich aß das letzte Stück Pfirsich auf dem Teller und ging auf den Balkon.

Im Hof stapelte ein vielleicht fünfjähriges Kind Steinchen auf dem Heck eines Spielautos.

„Kennst du Zgafi? Gio-Zgafi?"

Die Kinder kamen auf die Welt und wuchsen so schnell auf, dass ich es schon immer für ein Ding der Unmöglichkeit hielt, mir ihre Namen zu merken.

„Seine Eltern arbeiten in der Türkei. Er wird von der Großmutter großgezogen, besser gesagt, von uns allen."

Er schaute zu uns herauf. Das war der Blick eines viel beschäftigten Mannes. Er hatte geschorene Haare und schaute uns mit großen Kulleraugen wie ein kleiner Buddha an.

Ich rannte die Treppen hinunter und umfasste seinen runden, schönen Kopf mit beiden Händen:

„Du bist doch ein starker Junge, oder? Du hast doch vor nichts Angst?"

Ich beschloss, an jenem Abend nichts zu trinken und stattdessen gleich um 22 Uhr eine doppelte Dosis Schlaftabletten zu schlucken. Wenn auch das nicht helfen sollte, würde ich in den Hof hinausgehen und bis zum Sonnenaufgang unter dem freien Himmel sitzen.

„Ich habe Dornen im Kopf", sagte mir Zgafi. Seine Haare waren etwa ein Zentimeter lang nachgewachsen.

Wir standen da und schauten in den wolkigen Himmel, aus dem die ersten, großen Sommerregentropfen herunterfielen. Es blitzte. In der Erwartung des Donners nahm ich das Kind auf den Arm.

„Kommt ins Haus!!!" – Tina kreischte so verzweifelt, dass ich dachte, die blöde Kordelia hätte sie gebissen, als sie versuchte, sie aus dem Zimmer zu verjagen, oder der alte, wirklich stark verstaubte Fernseher wäre explodiert.

Ich streichelte mir instinktiv über den Kopf.

***

Ich kann mich nicht mehr erinnern, wie ich mit Salome Lu in der U-Bahn gelandet war. Für gewöhnlich steige ich nicht unter die Erde. Sobald ich die Luft eines geschlossenen Raumes einatme, beginnt ein Notsignal in meinem Gehirn zu blinken. Aber wenn es mir gelingt, die Aufmerksamkeit auf etwas anderes zu lenken, mich an etwas zu erinnern, was meine Vorstellungskraft vollständig beansprucht, dann kehrt alles an seinen gewohnten Platz zurück und ich beruhige mich wieder.

Ich hielt „Paradies" von Philippe Sollers und „Paris-Rom oder Die Modifikation" von Michel Butor in der Hand, die ich beim Buchfestival gekauft hatte (auch wenn ich mir sicher war, dass Wille und Kraft bei mir nicht ausreichen würden, sie zu Ende zu lesen, aber gekauft habe ich sie dennoch – die Hände entschieden von selbst; Hände neigen aus unerklärlichen Gründen dazu, mit französischen Büchern anzugeben). Die letzten Laris hatten wir in einer Bar für Bier ausgegeben. Nun standen wir müde, erschöpft und mit einem ganz gewöhnlichen Julitag zufrieden auf einem Gleis und umarmten einander, während zwischen uns die Bücher steckten – eben gekaufte, runtergesetzte Literatur.

Sobald wir in der U-Bahn saßen, legte ich den Kopf in den Salomes Schoß auf ihr buntes Kleid und schloss die Augen. Sie zerzauste meine Haare mit den Fingern. Es gab Momente, in denen ich ein harmloses, verwöhntes Haustier war und nichts weiter. Und wer weiß, wieso sie mich verwöhnte.

Nach zwei Haltestellen drückte sie mich an der Schulter, und ich merkte, dass ich offenbar auf etwas achten sollte. Ich öffnete die Augen und sah, dass vor uns eine junge Frau saß, vielleicht Anfang zwanzig. Ich konnte nichts Besonderes an ihr bemerken. Sie war ein derart durchschnittliches Mädchen, dass man ihr Gesicht sofort vergaß, sobald man den Blick von ihr abwandte. So funktioniert mein Gedächtnis und das der Mehrheit der Menschen: Es wird nur das festgehalten, was eine ungewöhnliche Form hat, was von den empfindlichen Tentakeln der Aufmerksamkeit erfasst wird.

„Sie hat so schlanke Beine!"

Die U-Bahn ist ein Verkehrsmittel mit viel Lärm, aber ich hörte ihre Worte dennoch sehr deutlich.

„Schau auf ihre Hände. Sie hat makellose Hände. Sag bloß, das stimmt nicht."

Wie hätte ich ihr nicht zustimmen können? Mich überkam unmittelbar das Bedürfnis, diese Hände auf mein Gesicht zu legen und ihre Wärme und Weichheit zu spüren.

„Schau noch nicht auf das Dekolleté. Schau auf ihren Hals. Auf zwei Muttermale rechts."

Ich befummelte bereits die Brüste des Mädchens. Ich hatte nichts anderes mehr im Sinn – mein Blick fand die verführerischste Stelle, während meine Phantasie mit unvorstellbarer Schnelligkeit die verblüffendsten Bilder erschuf und vermehrte. Mir stockte der Atem.

„Hey, komm wieder zu dir. Jetzt schau auf ihr Gesicht. Weißt du, was für ein Gesicht das ist? Ein ungewöhnliches, ein osteuropäisches Gesicht: Ungarische Nase, dunkle Augen."

Ich wollte aus ihrem Gesicht etwas herauslesen, aber ich beherrschte die Sprache nicht, die ich jetzt am dringendsten gebraucht hätte. Zum Glück stand mir eine Übersetzerin zur Seite.

„Schau, was für ein klares Hautbild sie hat", sagte Salome und ich spürte, wie ihre Stimme zitterte.

„Was ist los?"

„Ich will diese Frau."

„Waas?"

„Die Lippen", sagte sie und schloss die Augen.

Ich presste meine Lippen fest aneinander und folgte dem Mädchen mit dem Blick, die jetzt aufstand, um auszusteigen. Ich war sicher, dass mein lautes Herzklopfen nicht mal vom U-Bahn-Lärm übertönt werden würde. Leider würde mein Wunsch nie in Erfüllung gehen, und das wusste am besten mein kleiner Henker. Leidenschaft, die ich im Körper nicht mehr zurückhalten konnte, trat in Form von Tränen aus. Das Gesicht der Fremden, auf den ersten Blick nichts Besonderes, aber durch ein inneres Licht erhellt, kleine, zarte Lippen, osteuropäische Nase, Augen – süße Nächte, mit Wundern voller Körper – wer weiß, wie viele Entdeckungen sie dem Abenteurer versprachen.

In jener Nacht fragte ich Salome Lu im Bett, ob sie gescherzt hatte oder die Frau wirklich wollte. Sie verheimlichte die Wahrheit nicht: Ja, die Frauen reizten ihre Vorstellung, und man könnte sogar behaupten, dass sie sie erregten.

„Also, darfst du jederzeit heiraten."

Ich wollte nicht mal mir selbst eingestehen, dass ich perplex war. Ich wusste nicht mehr, in welche Richtung unsere

Liebesbeziehung sich entwickeln müsste, damit die Unausweichlichkeit unserer Trennung deutlich wurde. Nein, ich meinte damit kein glückliches Ende – das Ende des Ganzen wäre das Glück an sich. Natürlich würde mir die Trennung schwerer fallen als ihr: Sogar eine Flasche Bier hätte ausgereicht, um sie anzurufen und anzubetteln, alles stehen und liegen zu lassen und sofort zu mir zu kommen. Und überhaupt, ich war in einer derart komplizierten Situation, ich war dermaßen durcheinander, dass ich sogar darüber nachdachte, sie zu heiraten. Nein, eine solche Schönheit und das unersättliche Verlangen nach dem Rollentausch wurden allmählich zu einer derart drückenden Last, dass ich es kaum erwarten konnte, mich von ihr zu befreien.

„Würdest du mich heiraten?"

Sie bedeckte eine Hälfte meines Gesichts mit Küssen und sagte entschieden:

„Nein."

Ich freute mich und begann zu scherzen.

„Wenn ich ein Mädchen wäre, würdest du mich dann heiraten?"

„Wenn du von französischen Romanen die Finger lassen würdest, dann ja."

„Willst du keine Schriftstellerin als Ehefrau?"

„Auch keine Anthropologin oder Neurochirurgin. Ich will nicht, dass jemand anfängt meinen Schädel und seinen Inhalt zu untersuchen."

„Und was ist mit Taxifahrer?"

„Vergiss das doch endlich", lachte sie.

Ich begriff nichts. Etwas verletzte mich, aber was genau, wusste ich nicht. Ich wurde zu ihrem Angriffsobjekt doch nur, weil ich ein Schriftsteller war und mich von den Typen unterschied, mit denen sie vor mir geschlafen hatte. Und ich wusste immer noch nicht, was sie von mir erwartete, was sie von dem Menschen wollte, dem sie weder zum Einatmen, noch zum Ausatmen die Möglichkeit gab.

Dann veränderte sich etwas: Sie schien geistesabwesend, auch verschwand sie für zwei oder drei Tage. Mir wurde klar, dass sie noch jemand anderen hatte und spürte innerlich eine Erleichterung.

Wir stritten uns immer häufiger, vor allem weil unsere Weltanschauung so ganz und gar unterschiedlich war. Es hatte keinen Sinn, mit ihr über Literatur und Kunst zu reden, obwohl sie ziemlich belesen war. Sie war stets dermaßen überzeugt davon, Recht zu haben, dass sie nicht einmal einen kleinen Rückzieher machte – in kategorischem Ton versuchte sie, mir von der halben Menschheit widerlegte Erkenntnisse zu beweisen, die ich schon seit längerer Zeit in Zweifel zog. Leider oder zum Glück zog ich alles in Zweifel, ich schwankte oft, mir fiel es schwer, ein endgültiges Urteil zu fällen. Wir schwammen in verschiedenen Gewässern. Auch die Rufe des anderen deuteten wir verschieden.

Sie hatte zwei Handys, dementsprechend auch zwei Rufnummern, während ich aber nur eine davon kannte – jene, mit der sie mich am Anfang unserer Beziehung anrief. Ich sagte ihr nichts: Sie sollte nicht denken, ich sei eifersüchtig. Natürlich hatte ich jeden Grund zur Eifersucht, aber eines Tages stieß ich auf etwas, was sogar das Erwartbare weit übertraf und mir leichter machte, zu einer Entscheidung zu kommen.

Ich sah im Eingang der Wohnung neben dem Spiegel einen hellgrünen, mit Apfelhälften verzierten Notizblock liegen. Da seine Inhaberin bereits gegangen war und mich nicht sehen konnte, erlaubte ich mir, die Notizen durchzublättern. Auf den ersten Seiten waren mit einer flüchtigen Schrift irgendwelche Fragen aufgeschrieben (anscheinend plante sie vor zwei Monaten tatsächlich, mich zu interviewen, aber wozu? Für welche Zeitschrift? Vielleicht übte sie einfach ihre Rolle?), den Fragen folgten irgendwelche Zitate, ohne ihre Quellen zu nennen – vielleicht handelte es sich dabei lediglich um ihre unreifen Gedanken. Aber dann ... Dann sah ich die Telefonnummern und Nachnamen von meinen Freunden aufgelistet – deutlich, gut lesbar. Nein, das Notizblock mit Äpfeln enthielt nicht alle Nummern – nur von denjenigen, die ihr wegen irgendeiner Eigenschaft gefielen, bei denen ihre Augen merkwürdig aufleuchteten, wenn sie erwähnt wurden. Und wozu? Was wollte sie von ihnen? Wollte sie mit jedem von ihnen schlafen, nur weil es meine Freunde waren? Ja, ich war fast an der Grenze zur Paranoia. Und das war mir sehr wohl bewusst.

***

Tina erzählte mir ihren Traum aus der Nacht. Sie hatte die im Hof aufgehängte Wäsche abgenommen und brachte sie ins Haus, als sie im zweiten Stock das Telefon klingeln hörte. Sie hielt Bettlaken und Handtücher immer noch in den Händen, während sie die Treppen hinaufrannte. Das Klingeln des Telefons wurde von einem näher kommenden Brummen übertönt, und auf dem Balkon stehend sah Tina zum ersten Mal ein Flugzeug, das ganz knapp über die Hausdächer hinwegflog. „Ich dachte, es würde euer Haus streifen", sagte sie mir naiv. „Ich stand starr mit der trockenen Wäsche in der Hand auf dem Balkon und schaute auf den Bauch des riesigen Vogels. Ich konnte keinen Schritt machen. Du kennst das doch, wenn du weglaufen willst, aber mit den Füßen an der Erde zu kleben scheinst; wenn du weißt, dass du dich bewegen musst, aber die Kraft dazu verloren hast." Der silberschimmernde Vogel flog über einige Häuser, aber dann sah Tina etwas, dessen Bedeutung sie erst später, in den Gesprächen mit anderen verstand: Aus dem Flugzeug stieg plötzlich schwarzer Rauch auf und ein vom Rumpf abgehendes Teil fiel derart nah herunter, dass sie annahm, es wäre in einem Nachbarsgarten gelandet.

„Das heißt katapultieren", – sagte ich zu ihr und umarmte sie. Sie schien völlig verängstigt, ihr Herz raste.

„Wovor fürchtest du dich, Mädchen? Er ist weg, verschwunden. Geh und erzähl den Traum dem Wasser im Fluss – dann ist er weg."

„Deine Ruhe macht mich fertig. Das ist bloß Show, und nichts weiter. Und überhaupt, fahr doch nach Tiflis. Was willst du hier? Ich kann *dich* nicht zurücklassen, deshalb fahre ich nirgendwohin."

Was hätte ich wirklich ohne Tiniko im Dorf tun sollen? Meine Eltern schauten von morgens bis abends Nachrichten: die Morgennachrichten, *„Kurieri"* um 12 Uhr, *„Qronika"* um 14 Uhr, *„Kurieri"* um 15 Uhr, *„Qronika"* um 17 Uhr, *„Kurieri"* um 18 Uhr, *„Qronika"* um 20 Uhr, *„Kurieri"* um 21 Uhr, und der Tag endete in Betten, die in verschiedenen Zimmerecken standen. Sie hatten zu jedem Thema unterschiedliche Meinungen, sogar bei Kleinigkeiten, und bei Anbruch der Dämmerung glich unser Haus traditionell einem Schlachtfeld. Nein, sie begriffen nicht, dass es ein sinnloses Unterfangen war, die Geister der Politik heraufzubeschwören: Sie waren ja die ganze Zeit unter uns.

Tina und ich tranken wieder. Wir waren beschwipst und schauten in den Nachthimmel. Ich erzählte ihr eine flüchtig gehörte und mit eigenen Phantasien ausgebaute Geschichte darüber, wie Galaktion[2] einmal eine Frau aus Karaleti liebte. Ich übertrieb sichtlich – das Sujet ähnelte allmählich einer lateinamerikanischen Soapopera, und Tina schaute mich spöttisch an. Bei der Erwähnung des fremden Paradieses erinnerte ich mich an das Buch von Philippe Sollers, das ich angefangen und dann mittendrin beiseitegelegt hatte. Meine Gesprächspartnerin hörte mir lustlos zu. Nein, Gespräche über Literatur langweilten sie eigentlich nicht. Sie wollte einmal Georgischlehrerin werden, aber dann war sie es leid, auf eine passende Gelegenheit zu warten und eröffnete ein kleines, ein winziges Geschäft.

Vor mir hockte mein namenloser Hund – angespannt, mit gespitzten Ohren.

„Wie wollen wir ihn nennen?"

„Hast du nichts Besseres zu tun?"

„Das ist eine ernste Sache!"

Jeder Hund in diesem Teil des Dorfs war verstummt – wahrscheinlich saßen alle genauso angespannt, mit gespitzten Ohren in ihren Höfen.

Vor zwei Stunden hatte unsere Nachbarin das Bewusstsein verloren und war mit dem Kopf gegen eine Eisenstange geschlagen. Ich verdeckte Zgafis Augen mit der Hand, er sollte kein Blut sehen. Die anderen legten seine Oma aufs Bett, wuschen ihren Kopf, maßen ihr den Blutdruck. Man wollte auch einen Arzt holen, aber die Frau kam wieder zu sich und bat uns, wir sollten uns um das Kind kümmern, sie wolle weiter nichts.

Ich hatte Gio mitgenommen. Nun schlief er, und wer weiß, welches Paradies er im Traum sah.

Ich wollte die Geschichte über den großen Dichter und die Frau weiter erzählen, aber ich bemerkte im Mondlicht Tinas Tränen, die eine nach der anderen zu den Grübchen auf ihren Schultern rollten. Wir hatten die Flasche nicht mal zur Hälfte ausgeleert und sie weinte bereits.

„Die Nächte von Karaleti!"[3] – ich legte meinen Arm um ihre Schulter und lachte laut auf.

Beim Lärm lebten die verstummten Hunde auf und riefen einander laut bellend etwas zu.

Was hatte ich in Tiflis verloren: Ich hatte einen Krieg zu führen mit jemandem, der mich nicht losließ und den ich nicht loslassen konnte. Ich wusste nicht, was zwischen uns noch passieren konnte, aber es geschahen dennoch unvorstellbare Dinge. Natürlich war der Versuch, ein neues Leben zu beginnen, der reine Blödsinn, und ich würde im Dorf auch kein Buch schreiben, aber ich wollte dennoch hier bleiben – um aufzuatmen, zur Ruhe zu kommen und eine passende Strategie zu finden.

Tinas Kopf ruhte auf meinen Knien, sie schlief. Mir war schwindlig und ich war kurz davor, das Bewusstsein zu verlieren, als auf dem Handy folgende Nachricht aufschien: „Komm zurück, und ich ziehe bei dir ein, aber du darfst mit mir nicht über Liebe reden." Zwei Minuten später kam die nächste Nachricht: „Du musst doch eines Tages anfangen zu leben? Wie lange willst du dich noch in dir verkriechen?" Dann noch eine Nachricht: „Mir hat „Simpsons" von Zaza Burchuladze gut gefallen." Und ganz am Ende: „Komm zurück. Ich warte auf dich."

**

In den Augen von Salome Lu war ich ein Sammler, dazu ein solcher, der Nützliches vom Nutzlosen nicht unterscheiden kann und alles mit nach Hause schleppt. Ich sagte ihr, dass jeder Schriftsteller ein Sammler ist, aber sie stimmte mir nicht zu. Ich versuchte ihr zu erklären, dass wir alle Emotionen, Empfindungen, Eindrücke bewusst oder unbewusst sammeln. Sie widersprach mir und nannte als Gegenbeispiel die Bücher, die ich gelesen hatte. Sie war sich ganz sicher, dass ich die meisten davon nur gelesen hätte, um die Liste gelesener Bücher aufzufüllen, d. h. Buchtitel zu sammeln.

„So ist das, du liest und lebst nicht!"

Ich sagte mir immer wieder, dass ich mich wegen der

Ideen dieses leichtsinnigen Mädchens nicht aufregen sollte. Es war doch nicht meine Schuld, dass sie eine so verquere Vorstellung von Schriftstellern hatte. Dummerweise wollte sie keine Niederlage hinnehmen, sie konnte sich mit dem Gedanken nicht abfinden, dass die Mehrheit der Schriftsteller keine guten Liebhaber waren und an ihrer Seite nur schweigsame Schatten haben wollten.

Und wie hätte ich mir ihr Schweigen vorstellen können?! Sie quasselte von morgens bis abends, obwohl ich nicht einmal wusste, wer sie war und aus welchem Himmel sie in meinem Zimmer gelandet war ...

Um 7 Uhr am Morgen weckte mich ihr Anruf. Ich schlief angezogen auf dem Sessel und unter meinem Kopf lag ein weiches Kuscheltier, das meinem kleinen Gast gehörte.

„Kehr sofort zurück! Warte keine Sekunde länger. Begreifst du denn nicht, was da abgeht?"

Ich war nicht mal imstande ein Wort herauszubringen, und auch wenn das ganze Haus in Flammen gestanden hätte, ich hätte wahrscheinlich weitergeschlafen. Ich schaltete das Handy aus und drehte mich auf die andere Seite.

Nach kurzer Zeit hörte ich die Stimme meiner Mutter:

„Ika, Irakli ... Weißt du noch, dass du in das große Lebensmittelgeschäft gehen wolltest? Kauf so viel Mehl, wie du tragen kannst."

Ich stand lustlos auf und mir wurde sofort schwindlig. Vor meinen Augen drehten sich die letzten Tage und Nächte: rot verfärbter Nachthimmel, zum Zwecke der Angstüberwindung ausgeleerte Alkoholflaschen, ein bebendes Haus und im Chor bellende Hunde, alle nacheinander angeschauten Nachrichtensendungen und Tinas Wirklichkeit gewordene Vision, die jeder Dorfbewohner mit ihr gemeinsam gesehen hatte: wie ein brennendes Militärflugzeug irgendwo ganz in der Nähe abstürzte.

„Was für ein Krieg? ... Es wird einfach ein Film gedreht", sagte ich zu meiner Mutter.

„Kauf auch Reis, zwei, nein, vier Kilo", fügte sie hinzu und verließ das Zimmer. Vor Jahren war sie Biologielehrerin, Anweisungen zu erteilen, lag ihr im Blut.

Als ich über die Hauptstraße lief, wurde mir klar, dass das halbe Dorf leer war. Ich begegnete lediglich älteren Menschen, hauptsächlich Männern. Auch vor dem großen Lebensmittelgeschäft waren einige Greise versammelt.

„Es gibt kein Brot", hörte ich, bevor ich das Geschäft betrat.

„Mehl ist auch alle", rief mir die Verkäuferin aus dem Inneren zu.

„Ich brauche Reis, für Sushi", ich lachte dämlich über meinen Witz und ging durch die offene Eingangstür hinein.

Auch die Greise folgten mir. Ein ohrenbetäubender Lärm näherte sich.

Bis ich zu Hause ankam, zählte ich ein Dutzend Flugzeuge, die im Himmel herumirrten. In der Tasche meiner Jeans steckte mein ausgeschaltetes Handy – es interessierte mich kaum, wer sich wegen meines Schicksals Sorgen machte, wer mich vermisste, wer sich über meine Verantwortungslosigkeit ärgerte. Ich hatte das Gefühl, am ungefährlichsten, behaglichsten Ort zu sein – im Haus meiner Eltern. Dort, wo sie waren, konnte nichts Schlimmes geschehen, und ich fürchtete mich vor nichts. Natürlich würde ich das nicht laut zugeben, aber in ihrer Nähe war ich immer noch ein Kind, genauso, wie in den Sommern vor Jahren, als ich mit meinem alten Fahrrad in der Gegend auf und ab sauste.

Tiniko führte mich in ihr Geschäft und gab mir einen halben Sack Mehl. Sie teilte ihre gesamten Vorräte in zwei: Sie stellte auf die Theke einige Flaschen Öl, legte dazu Fischkonserve und türkische Kaugummis. Ich griff nach dem

Mehlsack und sagte, dass ich die anderen Sachen gleich abholen würde.

„Was erwartet uns?", fragte sie plötzlich. Wahrscheinlich wollte sie etwas Aufmunterndes von mir hören, und sei es auch eine große Lüge. Ich sagte ihr die Wahrheit:

„Morgen fährst du mit Zgafi nach Tiflis. Ihr werdet in meiner Wohnung wohnen, bis die Lage sich beruhigt hat. Pack nur die notwendigsten Sachen ein."

Ich erfuhr, dass die Menschen das Dorf zu Fuß verließen. Der sicherste Weg führte über die benachbarten Dörfer, danach gelangten sie auf die Autobahn und fuhren per Anhalter nach Tiflis weiter. Wenn ich nicht so viel gesoffen hätte, wäre das alles nicht so weit gekommen, aber ich fühlte mich dort, wo ich war, wirklich ruhig. Ich hatte gar keine Lust, etwas zu verändern – das Universum veränderte sich selbst, und bis es eine bestimmte Form annahm, erschien mir jede wichtige Entscheidung verfrüht.

Am Abend begann Mutter Brot im Elektroofen zu backen. Sie tat es zum ersten Mal in diesem Jahrhundert. Ich schaute auf die weichen Teigbälle, die auf einer Holzplatte aufgereiht lagen und dachte darüber nach, dass der Strom jede Minute abgestellt werden könnte und wir in der ewigen Dunkelheit versinken würden. Dann würden wir wahrscheinlich ein Lagerfeuer im Hof machen und uns um das Feuer setzen: meine Familienmitglieder, Tina, Zgafi und ich. Oder vielleicht würden die anderen, die Fremden, ein großes Feuer bei uns entfachen …

„Ika, ich will dich die ganze Zeit etwas fragen, dann vergesse ich es immer wieder", meine mit Mehl eingestaubte Mutter drehte sich zu mir: „Was bedeutet eigentlich ‚Kitsch'? Ich hab eine Sendung im ersten Programm geschaut und man hat das Wort so gut, so ausführlich erklärt, dass ich mir sicher war, alles verstanden zu haben. Aber am nächsten

Tag konnte ich mich nicht mehr daran erinnern. Das Wort ist zwar hängengeblieben, aber ich erinnere mich nicht mehr, was es bedeutet."

Ich küsste sie und brach die Kruste vom Brot ab, das sie gebacken hatte.

***

Tina war dabei einzupacken: Sommerkleidung, notwendige Sachen, nutzlose Geschenke, von denen sie sich nicht trennen konnte. „Ich werde auch ein paar Bücher und Fotos mitnehmen", sagte sie und verschwand aus dem Zimmer. Ich saß auf einer Treppenstufe. Kordelia und mein namenloser Hund lagen zu meinen Füßen. Man merkte ihnen zwar keine gegenseitige Anziehung an, aber ich dachte dennoch, dass ihre Schicksale sich hier, neben meinen Schuhen, gekreuzt hatten. Natürlich drohte keinem von ihnen Hunger und Obdachlosigkeit. Diese Tiere gehörten zu meinem persönlichen Kontinent, also war ich verpflichtet, mich genauso um sie zu kümmern, wie um die angefangenen und nicht zu Ende geschriebenen Texte.

„Tschaika!", rief ich dem Hund zu. Tschaikowski war ein zu langer und unbequemer Name für ein Haustier, sonst war natürlich weder an dem Namen noch an dem Komponisten etwas auszusetzen.

Zwei Flugzeuge flogen über unsere Köpfe hinweg. Kordelia rannte erschrocken ins Haus und kroch wahrscheinlich unters Bett. In den letzten Tagen benahm sie sich immer so.

„Ich habe das Buch mit deinen Erzählungen nicht eingepackt. Ich dachte mir, du bist ja eh dabei." Tiniko sagte das so ehrlich, dass ich mir das Lachen nicht verkneifen konnte.

Sie ging die Treppen hinunter. Ich betrachtete sie jetzt mit völlig anderen Augen und merkte, dass sie einen schönen

Körper hatte – einen vollen Busen, schlanke Beine und ein hübsches Gesicht, einen verärgerten Schmollmund und dunkle Augen. In meinem Herzen begannen Tausend Ameisen gleichzeitig zu krabbeln. Nein, ich wollte nicht, dass sie in meiner Wohnung wohnte und zum nächsten Opfer dieser Verrückten würde, und ich hatte nicht den leisesten Zweifel, dass genau das geschehen würde. Die Textnachrichten vor zwei Tagen bezeugten, dass ich dem Ziel, meinen süßen Henker loszuwerden, keinen einzigen Schritt näher gekommen war – während ich mit den Rosen, Schwertlilien, Päonien und Georginen, die im Nachthimmel erblühten, meinen Sieg feierte. Trotzdem war ich verpflichtet, für die Sicherheit meiner Angehörigen zu sorgen – ja, ich musste jeden einzelnen Bewohner meines persönlichen Kontinents beschützen. Mit meinen Eltern konnte ich nicht über ein Fortgehen sprechen – sie waren in die TV-Welt umgesiedelt und hatten genau dort ihren Zufluchtsort gefunden. Wohin hätte ich sie bringen sollen? Was hätte ich ihnen anbieten können?

Als Tina, Gio-Zgafi und ich uns zu Fuß auf den Weg machten und den Dorfausgang erreichten, grübelte ich genau darüber nach – über diese schiefgegangene Erlösung. Kurz darauf holte uns ein weißer Kleinbus ein, dessen Fahrer uns etwas zurief. Ich wunderte mich sehr, als ich erst meinen Namen hörte, dann den meiner Weggefährten. Ein Bekannter transportierte günstig ergatterte Pfirsiche zum Verkauf auf dem Desertirebi-Bazar nach Tiflis. (Er legte die Strecke mehrmals am Tag zurück). In diesem Moment spürte ich nicht mal einen Hauch von Erleichterung: Ich wusste, dass ich meine beste Freundin und das kleine Wesen mit den Igelhaaren in den wirklichen Krieg schickte – einfach so, blind, unvorbereitet.

„Mach's gut, pass auf dich auf! Ich ruf dich an", sagte ich

zur Decke im Kleinbus und winkte mit Pfirsichen beladenen Kisten zu.

Angestauter Ärger trat in Form der Tränen aus.

Tina sagte kein Wort. Sie begriff, dass ich meine Entscheidung nicht ändern würde.

Der Fahrer erklärte mir lang und breit, dass die Rückkehr ins Dorf unmöglich sei: „Das Dorf steht voller Panzer, und sobald man deinen geschorenen Kopf sieht, wirst du für einen verkleideten Soldaten gehalten, und sie werden dich auf der Stelle erschießen." Ich versprach ihm, mich nicht auf der Straße blicken zu lassen, sondern über die Apfelgärten ins Dorf zurückzukehren.

Ich hatte zwar keine Angst, hielt mich aber trotzdem an mein Versprechen. Ich war völlig durcheinander. Ich schritt zwischen Apfelbäumen, und sinnierte darüber, dass ich im Leben noch nie etwas richtig gemacht und keinen einzigen wirklich bedeutenden Schritt getan hatte. Meine Vergangenheit könnte man als Geschichte aneinandergereihter Niederlagen und dazwischenliegender Pausen bezeichnen. Die größte Niederlage stellte der heutige Tag dar – der Tag, an dem ich woandershin zurückkehrte, und nicht zu dem Ort, den ich erst vor einer Stunde verlassen hatte, während ich die anderen dorthin schickte, von wo ich selbst geflohen war.

Ich setzte mich unter einen Baum und durchsuchte meine Taschen. Ich fand mein Handy nicht – mir fiel ein, dass ich es Zgafi zum Spielen gegeben hatte, als ich ihn auf dem Arm trug. Wahrscheinlich hatte er es unterwegs fallenlassen oder hat es in den Bus mitgenommen und dort irgendwo hingeschmissen. Kinder sind so großartig. Sie sind in der Lage, sogar mit dem nutzlosesten Gegenstand, wie einem ausgeschalteten Handy, intensiv zu spielen! Nein, ich hatte gar nicht vor, jemanden anzurufen, ich sah mit eigenen Augen die Panzer auf der Dorfstraße, bevor ich

Richtung Obstgärten abbog. Ich wusste, dass im Dorf Menschen geblieben waren, aber ich freute mich nicht darüber. Für die Alten unterschied sich das Weggehen kaum vom Dableiben. Alles brachte sie dem Ende nahe.

***

Beim Aufwachen konnte ich mich mit Mühe fangen. Der gesamte Nachthimmel war finster, nicht mal ein Stern leuchtete über mir. Mein kühler, schweißvertrockneter Rücken spürte den Druck der festen Erde – unter ihm knisterte das in der Sommerhitze verdorrte Gras. Aufstehen und Weggehen war sinnlos – wie hätte ich in dieser Finsternis den Weg finden sollen?! Die Entscheidung, unter dem Baum sitzen zu bleiben, erschien mir als einziger Ausweg. Mir gefiel dieser Ausweg: Ich konnte mich ohne große Anstrengung an den Baum lehnen. Die Hauptsache war, nicht darüber nachzudenken, was ich bereits verloren hatte und was ich wahrscheinlich in genau dieser Minute verlor.

Was sollte ich anstelle des Lebens weiterführen? Ich wusste, dass ich etwas fortsetzen musste, aber was? Was? In Erwartung einer Antwort rollten mir langsam die Tränen übers Gesicht.

Ich steckte den Kopf ins Gras.

Aus irgendeinem Grund kam es mir so vor, als ob ich der einzige Mensch unter dem Himmel wäre, der Verzweiflung spürte und von dessen Gegenwart nicht ein Krümel übriggeblieben war. Was für eine Rolle spielte es, ob ich die Augen öffnete oder schloss, ob ich nach rechts oder links schaute. Alles war schwarz: Himmel, Erde, Gras, Sterne, die im Dorf zurückgebliebenen Hunde, die von Tiniko ausgewählten Fotos, sogar das zum Angeben gekaufte Buch von Philippe Sollers …

Die Sommernacht stürzte noch einmal auf mich ein.

Dann bekam diese herzausausreißende Nacht eine Stimme und sang ihr Lied für mich. Ich lauschte der tausendmal gehörten Melodie. Das Spiegelbild meiner Welt flitzte wie ein Blitz an mir vorbei und wurde in der Finsternis für immer zu Asche.

Irgendwo ganz in der Nähe klingelte das Handy.

Ich griff mit der Hand zur Jeanstasche. Merkwürdig, aber das Handy steckte dort. Ich konnte mich nicht entsinnen, wann ich es eingesteckt, wann eingeschaltet hatte ... Aber darüber nachzugrübeln, hatte jetzt auch keinen Sinn.

„Wieso bist du nicht ran gegangen?" In Tinas Stimme waren Angst, Erschöpfung und eine ungewöhnliche Besorgnis zu spüren. „Uns geht es gut. Der Fahrer hat uns bis zum Haus gefahren, aber er hat nicht geholfen, die Taschen nach oben zu tragen. Er hatte es sehr eilig. Währenddessen saß hier, auf der Treppe, dieses Mädchen und wartete auf dich. Sie ist so ein liebes Mädchen ... Du bist wirklich undankbar! Wer weiß, wie viele Stunden sie so auf dich gewartet hat. Sie hat Zgafi vorhin ein Märchen erzählt und jetzt schlafen die beiden in deinem Bett ... Ihre Mutter ist vor einigen Jahren verstorben. Sie ging noch zur Schule, als sie von ihrem Stiefvater verführt wurde. Nein, besser gesagt, sie verführte ihren Stiefvater. Sie hat erzählte, dass sie von einer Stadt in die andere zogen und nur einander im Sinn hatten. Begreifst du, was sie durchgemacht hat? Jetzt ist sie einsam, sehr einsam. Sie hat mir versprochen, den Rest später zu erzählen ... Und wieso sagst du nichts? Bist du etwa tot?"

„Nein."

„Komm bitte zurück. Du musst es irgendwie schaffen zurückzukommen. Wir lassen uns zusammen etwas einfallen. Sogar von hier fliehen einige. Sie laden ihre Autos voll und fahren weg. Aber wir werden bleiben. Lass uns einfach beisammen sein ... Und bring auch etwas zu trinken mit, bitte."

„Mal schauen. Ich ruf dich an."

„Pass auf dich auf."

„Du auch."

„Vergiss nicht, irgendwas zu trinken mitzubringen."

Noch ein paar Worte und wir verabschiedeten uns voneinander.

Ich wartete nicht ab, bis mein rasend schlagendes Herz sich beruhigte. Ich rief meinen Vater an. Er ging lange nicht ran, aber das wunderte mich nicht – für gewöhnlich schlief er um diese Zeit tief und fest. Der Oberst im Ruhestand hatte bereits so viele Kriege erlebt und so viel Not erlitten, dass ihn nichts mehr wunderte und nichts mehr schreckte. Ich war mir sicher, dass er sich nicht aufgeregt hätte, wenn ich ihm die Wahrheit gesagt hätte: Ich verbringe die Nacht am Dorfausgang, in einem fremden Garten, und wäre vorhin beinahe in den eigenen Tränen ertrunken.

„Wer schläft denn? Alle, die in der Nähe wohnen und Haus und Hof nicht verlassen haben, sind bei uns." Es sagte das mit einer solchen Stimme, dass mir sofort klar wurde: Ein Zipfel vom Paradies war noch unberührt. „Wir haben Hähnchen gebraten, Gurken und Paprika im Gemüsegarten gepflückt, den Traubensaft gekühlt, alles andere kannst du dir ja selbst denken. Egal wo du steckst, ein Hoch auf dich!" Als ich ihm sagte, dass ich ganz in der Nähe unter einem fremden Apfelbaum in der Dunkelheit hockte, forderte er mich ganz ruhig auf, sofort aufzustehen und nach Hause zu kommen.

Ich sagte nichts mehr. Ich begriff, dass ich eine ganze Ewigkeit hatte, eine Entscheidung zu treffen.

Ich saß unter dem Baum.

Ich strich mit der Hand über verdorrtes Gras und mir wurde klar, dass ich bisher keinen einzigen Tag gelebt hatte.

Ich dachte über jene Bücher nach, die ich noch nicht geschrieben hatte, und spürte ein Stechen nicht nur im Herzen, sondern im ganzen Körper. Ab dem heutigem Tag würde für die Frauen, für die ich wichtig war, jemand anderer wichtiger werden. Diejenigen, für die ich immer noch ein Kind war, würden nie mehr erwachsen werden, und in ihren Erinnerungen würde ich stets die Augen eines klugen Jungen haben. Meine Tiere, zwei arme Hunde, blieben auf Gottes Gnade angewiesen. Und was blieb mir? Was sollte ich fortsetzen? War ich etwa dabei zu übertreiben? Machte ich es mir zu einfach? Vielleicht war das tatsächlich so, aber ich wusste, dass extreme Nüchternheit der einzige Ausweg aus dieser Situation war – im ganzen Körper spürte ich solches Stechen, als würden Dornen in mich hineinwachsen und mich mit jeden Atemzug bei lebendigem Leib zerfetzen. Ja, ich war ein richtiger Igel – ein allerlei Schrott sammelnder Igel, der unter einem Apfelbaum kauerte, genau wie auf den Bildern zu dem Märchen, das kein gutes Ende nimmt.

DIE SEEN VON SWITEZ

Die Gewohnheit, Kaffee schwarz zu trinken und ungesüßt, hatte er vor so vielen Jahren angenommen, dass er sich nicht mal erinnern konnte, ihn je mit Zucker getrunken zu haben. Und das, obwohl er vor dem Tag damals nur süßen Kaffee kannte und sich dessen auch nicht schämte – er mochte ihn sehr. Nach jenem Tag vergingen sechs Monate, ohne dass er überhaupt Kaffee trank. Er befürchtete, erneut sterben zu müssen – bereits der erste Schluck hätte ihn umgebracht, ihn an mühevoll vergessene Details erinnert und sie vor seinen Augen klar und deutlich aufleben lassen. Vergessen zu lernen, ist unmöglich. Das Einzige, was du machen kannst, ist nichts zu machen. Je passiver du dich verhältst, desto langsamer wirkt das Gift – genau wie bei einem Schlangenbiss oder dem Biss eines anderen gefährlichen Reptils. Je langsamer das Blut fließt, desto größer ist die Überlebenschance. Man kann lernen, sich nicht aufzuregen, die Ruhe zu bewahren. Jede Erfahrung vermischt sich mit deinem Blut und wird so zu einem Teil deines Organismus – du schläfst mit ihr ein und wachst mit ihr auf, du läufst mit ihr zusammen durch die Straße, und wenn du in einem Café am Flughafen einem unbekannten Reisenden sagst, dass du sogar in den brenzligsten Situationen die Ruhe bewahrst, dann erlaubt dir genau jener Teil deiner selbst, das zu sagen.

Jetzt sitzt du ganz allein im Café und sprichst mal in der dritten Person über dich, mal redest du mit dir selbst, als ob du ein Fremder wärst, dem du völlig unbekannt bist und dem du unbedingt erklären musst, warum du deinen Kaffee schwarz trinkst. Als ob du nicht wüsstest, dass die auf deiner Zunge haftende Bitterkeit auch seine Bitterkeit ist, dass alle Details jenes Tages auch in seinem Gedächtnis weiterleben und von irgendwem tagtäglich so poliert werden, als handele es sich um eine Kollektion von silbernen Antiquitäten. Dein Silber ist auch sein Silber. Er ist der Teilhaber deines gesamten Reichtums.

Wir schauen in die dunkle Flüssigkeit hinein und fürchten uns davor, bis auf den Grund zu sehen.

Vor Jahren schrieb ich einer Frau täglich Briefe. Ich schrieb ihr manchmal mehrere Briefe am Tag. Wir verbrachten die ganze Zeit zusammen. Wir wachten morgens fast gleichzeitig auf, standen gemeinsam auf, und während sie mir das verspätete Frühstück zubereitete, begann ich, ihr einen Brief zu schreiben. Ich stellte mir vor, dass sie sehr weit weg wäre, dass uns nicht eine dünne Wand, sondern ganz Osteuropa trennte – Länder, die meine Vorstellung seit der Kindheit reizten. Das Flugzeug landet auf dem Flughafen einer großen Stadt und sobald seine Reifen die Flugbahn berühren, klatschen alle Rentner-Touristen gleichzeitig. In diesem Moment spüre ich eine Last in meinem Herzen – eine Last, die ein einsamer Reisender stets mit sich tragen muss.

Aus diesen Briefen war nicht ersichtlich, warum ich durch die Länder und Städte reiste, die ich ausführlich beschrieb; was zwang mich, den Körper der geliebten Frau und unser einfaches Bett zu verlassen, nach denen ich mich so sehr sehnte. Natürlich war ich in dem Rom oder Kopenhagen meiner Vorstellung nie so glücklich wie in meinem Zimmer, während ich diese Briefe verfasste. Ich wusste, dass der Kummer und die Freudlosigkeit in einigen Sekunden verfliegen würden, denn meine Einsamkeit war von Anfang bis Ende ausgedacht.

Sie mochte gezuckerten Kaffee und bereitete auch für mich den Kaffee so zu. Mich reizte und begeisterte alles, was sie zubereitete. Belegte Brötchen. Salate. Irgendwo erlernte und dann vereinfachte Cocktails. Nein, sie schrieb mir keine Antwortbriefe, aber sie schaffte es dennoch, mir auf irgendeine Art zu antworten: Mal küsste sie mich langsam und intensiv auf den Mund, mal streichelte sie mir über den Kopf und lachte so, dass ich sofort die Augen schloss, manchmal sagte sie einfach: „Du bist so lieb ...", dann verstummte sie und lächelte und lächelte und lächelte.

Auch das Schweigen gelang uns gut. Es gab Tage, an denen wir viel miteinander redeten, sogar über die unwichtigste Kleinigkeit, und Tage, die wir in völliger Schweigsamkeit verbrachten. Gibt es etwa viele Menschen, an deren Seite du keine Angst vor der Stille hast, Menschen, die so vorsichtig durch deine Stille schreiten, dass du ihre Schritte wie das Echo des eigenen Herzschlags wahrnimmst?

An jenem Tag sind wir wahrscheinlich beide gestorben. Davor gab es aber einen anderen Tag, an dem sie meine während dreier Jahre geschriebenen Briefe in kleine Fetzen zerriss und mir die Fetzen dann ins Gesicht warf. Ich schaute mir in aller Ruhe weiter einen Film an – ich schaute ihn an, bevor sie anfing, die Briefe zu zerfetzen, und auch, als sie die zusammengefalteten Blätter dann einzeln nahm und vor meinen Augen zerriss. Ich empfand das sogar als angenehm: In Wirklichkeit waren es recht peinliche Briefe – Hirngespinst eines Verliebten, sentimentales Bla-Bla.

Der Flughafen von Warschau ist relativ klein. Es gibt in den Geschäften nicht viel zu sehen, auch die Auswahl an Kaffeesorten ist eher klein. Schwarzer Espresso. Nein, nichts anderes. Du sitzt auf einem hässlichen Stuhl und betrachtest die Frauen, die in verschiedenen Richtungen umherlaufen – mit vielbeschäftigtem Gesichtsausdruck, unterschiedlichen Handtaschen, Rollkoffern. Mit Männern. Mit Kindern. Ohne Männer. Ohne Männer und Kinder. Einige sind so hübsch, dass dir sowohl das Einatmen als auch das Ausatmen schwerfällt. Einige sind auf den ersten Blick nichts Besonderes, aber wenn du sie von Kopf bis Fuß aufmerksam betrachtest, spürst du, dass sie etwas haben, was man nicht genau benennen kann – etwas sehr Seltenes und Aufregendes. Du willst zu ihnen gehen und ihre Haare berühren – nur für einen Augenblick, ohne ihnen etwas zu sagen, nicht mal ein Wort; oder ihre unteren Augenlider mit den Fingern streicheln und die Finger dann nach unten, zu ihren Lippen gleiten lassen. Begreifst du, dass du wie ein Triebtäter redest? Wie ein Mann, der von jeder Frau etwas will, aber sobald es darauf ankommt, will er nichts mehr.

Im Kaffeebecher ist bereits der Pappboden zu sehen. Im Mund herrscht Bitterkeit, im Kopf wirbeln die Foto-Negative der Vergangenheit und der Gegenwart herum. Der Flug wurde um zwei Stunden verschoben. Was für eine Rolle spielt es, ob du das, was du schreibst, Brief nennst?! Alles, was bisher geschrieben wurde, ist ein Brief, genau wie das, was künftig geschrieben wird.

Zerfetze ihn, wenn du willst.

**

Jener Tag begann um 7 Uhr morgens. Als er die Augen öffnete, sah er den nackten Rücken und ein halbdursichtiges, weißes Höschen. In sein Blickfeld geriet sonst nichts. Die Frau, nur mit der Unterhose bekleidet, stand mit dem Rücken zu ihm. Besser gesagt, sie bückte sich und nahm aus der untersten Schublade des breiten Kleiderschranks die Sommerkleidung heraus, dann packte sie sie einzeln in die Reisetasche. Sie merkte nicht, dass man ihren Körper eifrig beobachtete – mit einem Auge nur, aber sehr aufmerksam. Das hellblaue Schwimmhöschen, auf das links zwei Schmetterlinge gestickt waren, legte sie zur Seite – neben das fürs

Badezimmer vorbereitete Handtuch. Dann richtete sie sich auf und drehte sich um. In diesem Moment hatte der Beobachter bereits beide Augen geschlossen. Er versuchte, die eben gesehene Szene ganz vorsichtig, haargenau, in sein Gedächtnis zu übertragen, damit bei der Übertragung nichts verloren ging. Der Tag hatte wunderbar begonnen: Gleich als er die Augen öffnete, erblickte er jenen Körperteil der geliebten Frau, dem bis zur Vollkommenheit natürlich etwas fehlte, und das bemerkte er auch immer, aber dank des verengten Fokus oder vielleicht wegen einer aus dem Traum mitgenommenen Verschwommenheit erschien er jetzt in seiner vollkommenen Form vor ihm. Eine optische Illusion. Durch Deformation erreichte Vollkommenheit. Später begriff er, dass er keinen Wunsch verspürt hatte, sie zu berühren. Als könnte das, was er sah, beim Ausstrecken der Hand verschwinden. Er wusste, dass dieses Bild ohnehin keine lange Lebensdauer hatte – nach einigen Sekunden würde die Frau sich aufrichten, und dieser ideale Teil ihres Körpers würde genauso werden, wie er immer war.

Ihm fiel wieder ein, dass er sie in den folgenden Tagen nicht sehen würde. Er würde sogar bis zum Wochenende allein in diesem Bett liegen müssen, das ihm in solchen Tagen unvorstellbar groß erschien. Sobald er im Zimmer allein blieb, änderte jeder Gegenstand seine Größe und Form und den Schatten. Wenn er sich an die Veränderungen gewöhnt hatte, das heißt wenn alles wieder seine ursprüngliche Erscheinungsform zurückerlangte, tauchte die zweite Bewohnerin wieder auf und veränderte beim Eintreten die Form jedes Gegenstands aufs Neue. Kurz gesagt, es gab zwei Zimmer, mit unterschiedlicher Ordnung und Unordnung: das Zimmer, in dem er mit ihr zusammen war, und das andere, in dem er die Nächte ohne sie verbrachte.

Um sieben Uhr am Abend brachte er das halbdurchsichtige, weiße Höschen, das er am Rand der Badewanne entdeckte, nach draußen und entsorgte es in einer Mülltonne. Er schien sehr ruhig und tat das auf den ersten Blick so, als ob er Gurkenschalen oder leere Bierdosen wegwarf. Er hielt den zerknautschten Stoff in einer Hand und bevor er die fest zugedrückten Finger losließ, überkam ihn das Bedürfnis, sein Gesicht für einen Augenblick mit dem Stoff zu berühren, aber er begriff, wenn er dieser Versuchung nicht widerstünde, würde die Wahrscheinlichkeit enorm steigen, ihr nie mehr entkommen zu können. Wenn er den Stoff nicht entsorgte, würde er neben der tödlichen Waffe die Nacht schlaflos verbringen. Er würde die Nacht ohnehin schlaflos verbringen – das war sonnenklar. Er verbrachte während des ganzen Monats sowohl Nächte, als auch Tage schlaflos, und auch alles andere, was dazwischen liegen mochte.

Ratten. In jener Nacht dachte er auch über Ratten nach und jedes Mal, wenn er sich ihr Gewimmel vorstellte, starb er aufs Neue. Eine in dem halbdurchsichtigen, weißen Netz verfangene Ratte, die entsetzt zappelt und sich zu befreien versucht, während sie sich immer fester im Stoff verfängt. Sie dreht mehr und mehr durch. An jenen kleinen Abschnitt des Höschens, den die Frau mit ihrem zartesten Körperteil berührte, schubbert jetzt ein dreckiges Säugetier seinen Rücken. Auch eine zweite Ratte nähert sich und beißt in den weichen Stoff. Der Gestank von verfaultem Fleisch und Gemüse. Ein Fest der Ratten. Jede von ihnen schleppt ihren Anteil des flatternden Stofffetzen davon.

Er fand kastanienbraune Haare auf der Bettdecke – insgesamt fünf. Er nahm sie einzeln, betrachtete sie aufmerksam im Tageslicht und bewahrte sie dann in einer leeren Streichholzschachtel auf. Er warf sie Ende Oktober weg. Er räumte das Zimmer auf und entsorgte alle nutzlosen Sachen.

Das Theater war ihm verhasst – ihn langweilte der Gedanke an die Aufführung eines neuen Stückes, aber auch die zwei, drei übernommenen Rollen, für die er sich anfänglich so begeistert hatte, ödeten ihn an. Allerdings glaubte er schon immer daran, dass er es eines Tages schaffen würde, selbst ein Theaterstück zu inszenieren – natürlich irgendwann in der fernen Zukunft – und das wäre dann keine Aufführung, die man bald vergisst.

Jener Tag veränderte alles – der Tag, an dem er die Augen öffnete und die Vollkommenheit in einer derart vertrauten Form vor ihm erschien, dass er glaubte, der glücklichste Mensch zu sein, und was für ein Theaterstück sollte ein glücklicher Mensch inszenieren?! An jenem Morgen waren ihm sowohl das Theater, als auch die gesamte Weltdramaturgie scheißegal. Um 19 Uhr brachte er das mit der Faust zerknautschte Frauenhöschen nach draußen, und, bevor er es in die Rattenfinsternis warf, hielt er kurz inne – als ob seine Hand ihm keinen Gehorsam leistete und mit der tödlichen Waffe aufgerüstet plante, sein Leben unabhängig von ihm fortzusetzen. Auch die Lippen wollten sich der Hand anschließen, aber ihr Wille war nicht so stark wie der des äußeren Gliedmaßes. In diesem Augenblick war er der unglücklichste Mensch und wusste, falls er eines Tages tatsächlich ein Theaterstück inszenieren sollte, würde die Handlung sich um diesen Tag des Glücks oder Unglücks drehen.

Als er ins Zimmer zurückkehrte, roch er an seiner linken Handfläche und führte sie übers Gesicht. Sein Gesicht war trocken. Er begriff, dass diese Trockenheit sehr lange anhalten würde, wahrscheinlich sogar bis zu seinem Lebensende. In den folgenden Jahren grübelte er oft darüber, ob er etwas begriffen hätte, wenn er an jenem Morgen die Hand zu ihr ausgestreckt und sie am Rücken berührt hätte, wenn er sie am Handgelenk gepackt und zum Bett gezogen hätte, wenn er sie gezwungen hätte, sich neben ihn zu legen, oder wenn er aufgestanden wäre und sie an der Taille umschlungen und nur mit Unterhosen bekleidet umarmt hätte. Er hätte doch begriffen, dass er nicht nur für einige Tage sondern für immer verlassen wurde.

**

Drei Jahre lang verbrachten wir jeden August zwanzig Tage in einem verlorenen Dörfchen hoch in den Bergen. In den halbverdunkelten Zimmern in gemieteten Holzhäuschen, dort verbringe ich weiterhin mein Leben – das andere, wirklichere Leben. Die Hauptstraße begann neben jenem Hügel, auf dem oben ein vierstöckiges Hotel errichtet worden war (auf jeden Fall beginnt die Straße in meiner Vorstellung an dieser Stelle). In dem Hotel, genau wie in den am Waldrand aufgereihten Ferienhäusern, stiegen Ausländer ab und Touristen, die aus den großen Städten anreisten. Mich zogen eher die nebelumhüllten, rätselhaften Ferienhäuser an als das Hotel, dessen vier Stockwerke ich wie meine Westentasche kannte. In einem Sommer hatten wir ein Zimmer im zweiten Stock gemietet, das sich durch nichts von den anderen Zimmern unterschied.

Im folgenden Sommer mieteten wir ein Zimmer im Dorfzentrum – in einem zweistöckigen Holzhaus, das mich gleich beim ersten Anblick faszinierte. Auf dem Balkon gegenüber unserem Zimmer hingen drei Strümpfe, die mit lila Zwiebeln vollgestopft waren – drei durchsichtige Frauenstrümpfe in Hautfarbe. Ich fragte meine Eltern während der gesamten Zeit, wozu die Zwiebeln in den Strümpfen steckten und wieso die Strümpfe dort hingen, aber ich bekam keine Antwort, die mir plausibel erschien. Es war klar, dass diese Geschichte keine gewöhnliche Erklärung haben könnte. Das war Unfug und eine Frechheit, aber anscheinend drohte deswegen niemandem eine Bestrafung. Stellt euch vor, was passiert wäre, wen ich einen Strumpf meiner Mutter genommen, ihn mit Zwiebeln oder etwas anderem, was mir gerade in die Hände fiel, vollgestopft und irgendwo in aller Öffentlichkeit aufgehängt hätte.

Meine Schwester und meine Kusinen interessierten sich kaum für die Innen- und Außenausstattung des Hauses. Sie spielten von morgens bis abends irgendwelche idiotischen Spiele – sie backten Kuchen aus Schlamm und bestreuten sie mit Splitt aus verschiedenfarbigen Steinen. Ich erinnere mich nicht, wer als erste auf die Idee kam, Steine zu zerkleinern. Anfänglich machte auch ich mich eifrig an die Arbeit: Ich suchte Steinchen aus, die sich leicht zerkleinern ließen, dann legte ich sie auf einen großen Stein und schlug mit einem anderen Stein auf sie ein. Manchmal gelang es mir, die Steine zu zerkleinern, manchmal auch nicht. So oder so, ich schaffte es, für mindestens zwei bis drei Kuchen ausreichende Steine zu zerkleinern. Dann verlor ich das Interesse und wurde zum Lehrling meiner Mutter: Sie wollte mir Tischtennis beibringen. Wir gaben uns viel Mühe, aber ohne Erfolg, also schrieben wir unseren Misserfolg der unebenen Oberfläche des Tisches zu, der im Hof stand. Wir überhäuften den gut gepflegten Gemüsegarten unserer Nachbarin mit weißen Tischtennisbällen.

Eines Tages nahm mich meine Mutter in die Bibliothek mit, die ein paar Meter von unserem Haus entfernt war. Wir liehen zwei Bücher aus: eines für sie, das andere für mich. Auf dem Umschlag meines Buches waren das blaue Steuerrad eines Schiffes und ein lächelnder Matrose abgebildet, dessen blonde Locken im Wind spielten. In der linken Ecke stand: „Abenteuerbibliothek". Ich wusste bereits, was eine Bibliothek war, also fragte ich meine Mutter:

„Was bedeutet Abenteuer?"

Sie erklärte es mir in wenigen Worten und versprach, es später besser zu erklären, bevor ich anfangen würde, das Buch zu lesen. Dann nahm sie mich an die Hand, und wir gingen in ein Geschäft, wo im ersten Stock Sportartikel verkauft wurden (unzählige Tischtennisbälle!) und alles andere im zweiten Stock. Sie kaufte eine Haarbürste und Stofftaschentücher mit braunen und bernsteinfarbenen Streifen. Die Verkäuferin reichte ihr statt des Wechselgeldes ein kleines Buch. Hah! Wieder so eine Sache, die mich sehr wunderte und die ich mir bis heute nicht erklären kann. Wir hatten doch nach keinem Buch gefragt?! Woher wusste die Verkäuferin, dass wir gerne lasen und sogar gerade aus der Bibliothek kamen? Hatte sie nur dieses eine Buch oder auch andere Bücher? Wieso ließ sie uns nicht auswählen? Wieso fragte sie uns nicht wie die Bibliothekarin, was für Bücher wir lasen? Vielleicht wollte ich ein Abenteuerbuch!

Adam Mickiewicz, „Die Switezmaid".

Es war ein kleines Buch, und ich las es am gleichen Abend bis zum Ende. Während der folgenden Tage unseres Aufenthalts im Dorf las ich nur noch Gedichte und Poeme von Adam Mickiewicz. Ich nahm an, dass ein kleines Buch ein Kinderbuch sein müsste, es war doch egal, dass ich die Bedeutung einiger Wörter kaum oder gar nicht verstand. Die Hauptsache war, dass mir diese Gedichte und Poeme so interessant erschienen, einige Zeilen gingen mir so ans Herz, dass mir sogar die Tränen über die Wangen liefen. Ich las diese Zeilen immer und immer wieder.

Die Poeme gefielen mir besser als die Gedichte. In den Poemen wurden traurige Geschichten erzählt – aufregende und herzzerreißende Geschichten aus dem Leben unglücklicher Menschen. Diese Menschen wurden entweder unschuldig oder wegen kleinster Vergehen unglaublich hart bestraft. Das Unglück lauerte hinter jedem Baum, in jedem

Gebüsch und wartete auf ein winziges Stolpern, um dich sofort zu schnappen und in eine dunkle Höhle mitzuschleppen. In den Höhlen des Unglücks verloren die Menschen ihr Augenlicht, ihren Verstand, und sehr bald darauf starben sie.

Tagelang war ich von diesem Buch wie besessen. Mich interessierten weder Tischtennis noch die Filmplakate an den Holzzäunen. Sobald sie jemand dort hinhängte und aus meinem Blickfeld verschwand, nahm ich die Plakate ab, ich rollte sie zusammen und versteckte sie unter meinem Bett. Ich erinnere mich nicht mehr daran, warum – wahrscheinlich wollte ich unbedingt eine Straftat begehen oder wenigstes die Regeln missachten und konnte mein Bedürfnis so stillen. Plakate hingen auch vor dem Kino, und wenn mir beim Vorbeilaufen ein vertrauter Titel in den Blick fiel, freute ich mich von ganzem Herzen, dass das mein Film war – erbeutet und unter dem Bett versteckt. Französische Komödien mit Louis de Funés und Pierre Richard, indische Märchen, „Jeder braucht Liebe" und ein sehr merkwürdiger Film mit dem merkwürdigen Titel „Geliehenes Leben" … Mutter und Tante nahmen mich zu Mittagsvorführungen mit, und es kümmerte sie ziemlich wenig, ob der Film für Kinder geeignet war oder nicht. Wenn ich mich recht erinnere, wurden Kinderfilme in diesem Kino gar nicht gezeigt. Als ich „Geliehenes Leben" sah, grübelte ich die halbe Nacht nach und versuchte, in dem Gesehenen einen Sinn zu finden. Ich war mir sicher, dass in all dem, was mir immer noch vor Augen stand, ein ganz tiefer und bedeutsamer Sinn lag. Ich kam nicht zur Ruhe, wälzte mich hin und her und weckte schließlich meine Mutter auf.

„Mam, wird die Frau sterben?"

„Welche Frau?", sie stellte die Frage etwas halbherzig, rückte meine Decke zurecht und massierte meine Schläfen.

Das Mittel kannte ich: Wenn ich über etwas Schlechtes nachdachte und nicht einschlafen konnte, musste ich mir die Schläfen in kreisenden Bewegungen massieren, und die Gedankenrichtung würde sich auf natürliche Weise ändern, unangenehme Gedanken würden anderen Gedanken den Weg räumen. Aber in dieser Nacht wollte ich einfach nicht über etwas anderes nachdenken.

Eine ähnliche Unruhe überkam mich, als ich das kleine Buch von Adam Mickiewicz las. „Die Switezmaid" gefiel mir von den Poemen am besten. Ich brauchte meine Phantasie nicht anzustrengen – die Handlung war ohnehin klar. Das war die aufregendste Geschichte, die ich je gelesen oder gehört hatte. Mich tröstete der Gedanke, dass auch einem anderen ein Fehler unterlaufen konnte – ein schwerer, schicksalhafter, irreversibler Fehler. Eigentlich ist das das Wesen eines jeden Fehlers, aber die Menschen neigen aus ihrer leichtsinnigen Verantwortungslosigkeit dazu, alles zu vereinfachen.

Damals beschloss ich, „Die Switezmaid" als Theaterstück aufzuführen, auch wenn es gar kein Theaterstück war. In der Schule unterteilte die Lehrerin lange Gedichte in Verse, die dann fünf oder sechs Schüler auswendig lernen mussten. Das nannte sie „Montage". Aber ich hatte etwas völlig anderes vor. Ich wollte eine richtige Aufführung inszenieren – in einigen Tagen, im Hof unseres Miethauses. Schauspieler sollten meine Schwester und meine Kusinen sein, die nicht nur die Verse aus dem Poem vortragen, sondern auch die Charaktere spielen würden – uns ihre Gefühle, ihren Schmerz, ihre Verzweiflung zeigen. Den See musste man sich vorstellen, denn ich konnte dort ja keinen See hinzaubern. Anscheinend schätzte ich die eigenen Möglichkeiten relativ nüchtern ein. Meine Schwester schlug mir vor, alle Tassen, Einmachgläser, Flaschen und Gläser aus dem Haus mit Wasser zu befüllen, nebeneinander aufzustellen und so zu tun, als sei es ein kleiner See. Aber der See von Switez war nicht klein, also verwarf ich ihre Idee. Dann sagte meine ältere Kusine zu mir: „Ich weiß, was wir machen, wir sammeln zu viert Blätter ein und verstreuen sie im Hof – wo die Blätter liegen, ist dann der See." Wir kamen zu keiner Einigung, also verschoben wir die Entscheidung auf die nächsten Tage.

Bei der ersten Probe stellte ich fest, dass niemand den Text fehlerfrei vortragen konnte, keine der Schauspielerinnen kannte ihre Verse auswendig. Das traf mich so sehr, dass mir vor Verbitterung die Tränen kamen. Bei der nächsten Probe war es das Gleiche. Ich schrieb die Textausschnitte eigenhändig für sie ab, was war so schwer daran, sie zu lernen?! Ich kannte natürlich das ganze Poem in- und auswendig und begriff nicht, wieso es den anderen so schwerfiel, sich Verse zu merken, die zu vergessen, mir schlicht und ergreifend unmöglich erschien.

Der Jüngling. Die Maid. Die Jungfrau. Der Autor.

Die Rolle des Jünglings übernahm natürlich ich. Eigentlich sollten die Maid und die Jungfrau von nur einer Schauspielerin gespielt werden, aber da ich die Möglichkeiten der Schauspielerinnen gut kannte, beschloss ich, dass meine jüngere Kusine die Maid spielen sollte und meine Schwester – die Jungfrau. Ich stellte mir vor, wie ich das Plakat an den Holzzaun unseres Hauses anbringen würde – ein ganz anders Plakat, das den Zuschauern eine erstaunliche Vorstellung versprechen würde, weitaus herzzerreißender als „Geliehenes Leben".

„Er lenkt den Schritt den See entlang
Und schaut in seine Wellen,
Im Forste rauscht der Wind so bang,
Des Wassers Fluten schwellen."[4]

Beim Lesen dieser Zeilen bekam ich stets Gänsehaut – ich spürte den Windrausch, sah den weißen Schaum. Im See schwamm eine weiße Frau, die in meiner Vorstellung große, weiße Brüste und den mit glänzenden Schuppen bedeckten Schwanz eines Fisches hatte. Aber dieser Fischschwanz befand sich unter Wasser und der Jüngling konnte ihn nicht sehen. Deshalb begriff er nicht, dass ihn eine Undine in den See lockte.

„In Silbergrundes Schoß bei Nacht,
Bedeckt von Spiegelzelten,
Ist unser Lilienbett gemacht
Zum Traum von Himmelswelten …"

Was war daran so schwer, diese Worte auswendig zu lernen?! Mein Gott, wie konnte sich ein Schauspieler die Verse nicht gleich beim ersten Lesen merken?! Meine Schwester schaffte es nicht, und ich redete den ganzen Abend kein Wort mehr mit ihr. Sie verkündete laut, ich solle die Rolle einer anderen geben, denn sie habe nicht vor, noch an der Aufführung teilzunehmen. Am nächsten Tag erbarmte sie sich meiner und brachte einen Ersatz mit – ein Mädchen, ein Jahr älter als ich, deren Mutter Georgierin und deren Vater Serbe war. Das Mädchen hatte einen äußerst merkwürdigen Namen: Militsa. Ich begriff nicht, wieso sie von ihren Eltern zu diesem unpassenden und fürchterlichen Namen verdammt worden war. Wieso sollte jemand Bazar, Apotheke, Restaurant oder Fotostudio heißen? Das Missverständnis hinderte uns nicht, schon nach einer halben Stunde Freunde zu werden. Ihre Eltern hatten gemeinsam mit ihren serbischen Verwandten ein Ferienhaus am Waldrand gemietet, während das Mädchen und ihre Großmutter in einem Zimmer in unserer Nachbarschaft zur Miete wohnten. So konnten wir jeden Tag zusammen verbringen.

Militsa lernte die Verse aus Adam Mickiewicz' Poem zwar schnell, sprach aber jedes Wort so komisch aus, dass die Wörter nicht mehr zu erkennen waren – sie tauschten ihre Bedeutung untereinander aus. Nein, das war nicht das, was ich wollte, aber ich verlor die Hoffnung dennoch nicht. Ich beschloss, einige Tage nur Militsa zu widmen und mit ihr die richtige Aussprache zu trainieren. An den Proben nahmen nur noch wir beide teil, wir arbeiteten mit vollem Ernst, mit größter Hingabe.

„Ihn fasst des Strudels wilde Kraft,
und, wo mit grausamem Munde
Die bodenlose Tiefe klafft,
Sinkt er mit ihr zu Grunde
Noch heute braust das Wasser fort;
Beim Lichte der Gestirne
Sieht man zwei nicht'ge Schatten dort:
Den Jüngling und die Dirne."

Auch meine Kusinen sagten ihre Teilnahme an der Aufführung ab. Eine von ihnen begann, mein Abenteuerbuch zu lesen – die Geschichten über ferne Seen und mutige, blonde Seeleute. Die andere fand neue Freunde und lief von morgens bis abends mit ihnen durch die Gegend, um dann die neu gelernten Spiele am Abend mit meiner Schwester zu spielen.

Ich beschloss, auch die Rolle des Autors zu übernehmen. Militsa sollte erst die Maid sein, sich dann in die Jungfrau vom See Switez verwandeln, bis sie wieder das Gesicht der erniedrigten, zugrunde gerichteten Maid annehmen würde. Die Probezeit neigte sich dem Ende zu. Das Plakat für den Holzzaun war bereit. Die Handlung sollte sich um den vorgestellten See herum entwickeln. Militsa würde den Morgenrock ihrer Mutter anziehen und sich ihren Strohhut aufsetzen, den sie auch an anderen Tagen trug – und der ihr, man muss es ehrlich eingestehen, sehr stand.

In der Umgebung wussten alle von der Aufführung. Unsere Vermieterin bot an, Stühle für die Zuschauer auch aus ihrer Wohnung zu holen. Meine Schwester und meine Kusinen konnten es kaum erwarten, dass der Samstag endlich anrückte. Ich fragte meine Mutter, was denn Jünglinge trügen, die in eine Maid verliebt seien. Sie antwortete mir, sie trügen nichts Besonderes.

Am Samstagmorgen stieg ein derart dichter Neben auf, dass sowohl der Holzzaun als auch die Berge, die Straße wie auch die am Straßenrand aufgereihten kleinen Häuser und auch das vierstöckige Hotel und all die geheimnisvollen Ferienhäuser verschwanden – samt den Urlaubern. Als ob auf der Welt nur wir existierten – zwei Frauen, vier Kinder und das Holzhaus, an dessen Zaun ich das Plakat über die bevorstehende Aufführung befestigt hatte.

Es war kalt und nieselte. Mutter zog mir einen dicken Pullover über. Wahrscheinlich nahm sie an, dass er mich bei der Liebe einer Maid und bei dem schicksalhaften Fehler nicht stören würde. Um zwölf Uhr sollte die letzte Probe sein, aber Militsa tauchte nicht auf. Nach einer halben Stunde machte ich mich auf den Weg zu dem Haus, in dem sie zusammen mit ihrer Oma wohnte.

Ich stand sehr lange unter ihrem Fenster und rief ihren Namen, aber niemand antwortete mir.

Schließlich rannte ich zu dem Ferienhaus, das ihre Eltern gemeinsam mit den serbischen Verwandten bewohnten. Ich rannte, auch wenn ich nichts sehen konnte. Zum Glück war der Weg der einzige im Dorf.

Vor dem Ferienhaus parkte ein Wagen mit geöffnetem Gepäckraum. Neue Bewohner hatten einen Teil ihres Gepäcks bereits in die Zimmer gebracht, während der Rest noch immer auf dem feuchten Grass lag.

Ich ging den gleichen Weg zurück. Über beide Wangen

liefen mir die Tränen herunter. Jetzt freute ich mich, dass rundherum dichter Nebel herrschte und nichts zu sehen war. In dieser Welt existierte jetzt nur noch ich. Jetzt war ich sowohl der Autor als auch der Jüngling, sowohl die Maid als auch die Undine vom See Switez.

***

„Wenn ein Mann sich mit einem Rasiermesser rasiert und sein Gesicht in Nahaufnahme auf dem Bildschirm gezeigt wird, schließe ich immer die Augen." Als sie mir das sagte, warteten wir in einem Kino auf den Beginn des Films. Sie schloss die Augen auch in anderen Fällen: Blutige Szenen hielt sie nicht aus. Sie schaute solche Filme eigentlich gar nicht, aber wenn wir in einem Film doch mal auf eine Gewaltszene stießen, wandte sie den Kopf zur Seite, während ich mit einer Hand ihre Augen verdeckte. Ein paar Mal war ich vom Film so hingerissen, dass meine rechte Hand lange Zeit auf ihren geschlossenen Augen ruhte. Sie wartete geduldig auf mich.

Wäre es eine große Naivität zu behaupten, dass ich mir aus diesem Grund nicht vorstellen konnte, von ihr verlassen zu werden? Vielleicht war das eine schlechte Angewohnheit – eine Gefahr nicht zu beachten, den Schmerz anderer nicht annehmen zu können.

Wusste sie etwa nicht, dass ich sterben würde? Dass jener Tag mich vollständig vernichten würde – sie dreht sich noch mal her, das Lächeln, der Kuss auf den Mund? Als ich aus dem Badezimmer kam, fand ich sie angezogen vor: Sie trug eine Jeans und ein hellblaues T-Shirt. Sie hatte den Kaffee in die Tassen gegossen und machte Brötchen. Auf dem Tisch lagen ein paar Gurken, Butter, ein Stück salziger Käse. Ich ging zu ihr und küsste ihren Arm. Morgens habe ich keine Kraft um zu sprechen. Meine Lippen wissen, wie sie in solchen Momenten anders sprechen sollen. Sie lächelte mich an und strich weiterhin Butter auf die Brotscheibe. Ich schlürfte süßen Kaffee.

Sie hatte es eilig und bat mich ums Geld fürs Taxi. Ich gab ihr alles, was ich hatte. Sie schien angespannt, was ich damit erklärte, dass sie in großer Eile war. Sie schaute sich zweimal im Wohnzimmer und im Bad um und fragte mich sogar, ob sie nichts vergessen habe. Es war ein sonniger Tag. Ich erinnere mich an die vom Sonnenlicht helle Küche. Es gab nicht mal eine winzige Andeutung auf den bevorstehenden Mord, wie in jedem guten Krimi. Und das, obwohl der Übeltäter alles gründlich geplant hatte, unter Berücksichtigung jedes Details.

Auf dem kleinen Tisch im Schlafzimmer lag eine Schachtel mit nur ein paar Zigaretten darin.

„Ich nehme die mit, ok?"

Ohne mein Lächeln zu bemerken, nahm sie die Zigaretten aus der Schachtel. Ich bin bis heute überzeugt, dass es genauso grausam war, die Zigaretten mitzunehmen, wie einem Menschen mit einem Rasiermesser den Hals aufzuschlitzen. Wenn du mich mit der Kaltblütigkeit eines Serienmörders tötest, lass mir doch zumindest die Zigaretten. Oder dachtest du etwa, dass ich als Toter Geld und Zigaretten nicht mehr brauchen würde?

Auch nach so vielen Jahren macht mich dieses Detail fertig – die erbarmungslose Leere in der Zigarettenschachtel.

Sie überprüfte noch einmal das Schlafzimmer und schmiegte sich mit dem ganzen Körper an mich. Ich küsste sie. Ich konnte über nichts nachdenken – morgens habe ich keine Kraft zum Nachdenken. Mein Körper existierte und dachte auch nach. Meine Lippen, meine Hände dachten nach ... Das Sonnenlicht hatte jetzt das Schlafzimmer überflutet und war der einzige Zeuge dieser gewöhnlichen Szene.

Ich dachte, ich würde bis zum Lebensende noch sehr oft Teilnehmer dieser Szene sein, denn das Glück schien derart zum Greifen nah, dass es sogar möglich schien, Fingerabdrücke darauf zu hinterlassen. Die Papillarleisten. Die Spur deiner Existenz. Vielleicht existieren nur glückliche Menschen?

Wer wurde denn im Kino oder in der Literatur, in den von anderen erzählten Geschichten oder Kriminaldokumentationen noch nicht von einer Frau verlassen? Die Menschen können viel Schlimmeres aushalten, aber ich halte die Szene nicht aus, wie ich in der offenen Tür stehe, während sie die Treppen hinuntergeht, nach einigen Schritten den Kopf dreht, mich anlächelt, rasch wieder nach oben rennt und mich noch einmal küsst. Meine Lippen denken sehr schnell nach. Auch meine Zunge denkt schnell nach.

„Ich liebe dich!"

Das ruft sie mir aus dem dritten Stockwerk zu, dann lacht sie und rennt die Treppen hinunter.

Wie hätte ich mir einen besseren Beginn für den Tag wünschen können?

Ich trinke diesen dunklen, bitteren Kaffee, den leckersten Kaffee, den ich im Flughafen-Café finden konnte, und freue mich, dass ich mich an den Geschmack ihrer Lippen nicht mehr erinnern kann. Ich habe auch ihre Stimme vergessen. Jahre beherrschen ihr Handwerk sehr gut und arbeiten unermüdlich daran, dich zu verändern. Die Auferstehung von den Toten ist unmöglich – derjenige, der auferstehen wird, wirst nicht mehr du sein. Der einzige Wunsch, den ich bis heute verspüre, ist, einen logischen Zusammenhang zwischen dem Beginn und dem Ende jenes Tages zu finden. Ich bin mir nicht sicher, dass dieser Zusammenhang überhaupt existiert, obwohl die ganze Welt und die menschliche Erfahrung mich vom Gegenteil überzeugten.

Der Tag ging wie gewohnt weiter. Ich lief über die Straße – meine Beine hatten die Richtung selbst ausgewählt. Ich dachte, dass ich richtig lebte – ohne Wünsche, Pläne, Erwartungen, Pflichten, ohne Verantwortung. Und alles lief gut! Alles lief sehr gut!

Ich betrachtete die Passanten. Besser gesagt, die Frauen. Ja, ich betrachtete die Frauen, und da ich nichts Besseres zu tun hatte, versuchte ich mir vorzustellen, wie sie in meinem Bett aussehen würden. Es war ein simpler Zeitvertrieb, nichts Besonderes. Ich hielt an einem Blumenkiosk an. Ich mochte Blumen nie und kann mich nicht erinnern, jemals welche gekauft zu haben. Der starke Duft irgendeiner Blume zog mich an, dann sah ich auch die Verkäuferin – ein Mädchen mit roten Haaren, langer Nase und einem ganz mit Sonnensprossen bedeckten Gesicht. Gott, wie süß sie war! Ich konnte meinen Blick von ihr nicht mehr abwenden. Sie stellte mir keine Frage – wahrscheinlich stand mir ins Gesicht geschrieben, dass ich nicht vorhatte, Blumen zu kaufen.

In einem Schuhgeschäft sah ich ein Mädchen mit silberfarbenen Haaren, die sich Espadrilles anprobierte und plötzlich ihren mit riesigen Rosen verzierten Rock bis zu den Knien hochschob. Sie hatte makellose Beine – schlanke Unterschenkel, schmächtige Füße, schöne Fußknöchel. Ihr hätte jeder Schuh gestanden. Ich ertappte mich bei einem verbrecherischen Gedanken: Nein, meine geliebte Frau hatte keine solch makellosen Beine, und ich dachte genau darüber nach.

Ich verließ das Schuhgeschäft und bereute das sofort – das Mädchen probierte nun rote Sommerschuhe an.

Als ich zu Hause ankam, aß ich den Rest vom Frühstück zum Mittag und machte mir einen Kaffee – in einer großen Tasse, gesüßt. Ich trank ihn aber nicht. Ich spürte, dass mich der Schlaf überwältigte und warf mich bäuchlings aufs Bett.

Um halb sieben am Abend weckte mich ein Anruf.

***

Schließt du die Augen, wenn ein Mann sich im Fernsehen rasiert, Militsa? Und wenn ein Mann in deinem Badezimmer vor dem Spiegel steht und dich anschaut, wenn er dir eindringlich in die Augen blickt? Wie ist dein Mann so? Ist er sehr groß und blond? Sieht er einem Seemann ähnlich? Aus irgendeinem Grund stelle ich ihn mir nämlich genauso vor. Ich schaue dich jetzt an und weiß, dass es keine Rolle spielt, wer jeden Morgen neben dir aufwacht, denn er wird dir die imaginären Wege abschneiden, dir keine Fluchtmöglichkeit lassen – falls er jemals auf den Gedanken kommen sollte, dass du ihm eines Tages weglaufen könntest. Wer weiß, vielleicht ist dieser Mann sich nicht sicher, dass du ihn liebst? Da kann sich niemand je sicher sein, der an einem sonnigen Sommertag ganz unerwartet verlassen wurde.

Dir kommt es immer so vor, – nein, es kommt dir nicht so vor, du glaubst fest daran, dass *du* derjenige bist, der stärker liebt. Wenn du nicht daran glaubst, dann kannst du den Badezimmerspiegel oder den Bildschirm ruhig betrachten, wenn dort ein scharfes Rasiermesser zu sehen ist.

Du hast silberfarbene Haare, Militsa, – die Möglichkeit, dass sie gefärbt sind, ist groß, und die Möglichkeit, dass du Militsa heißt, ist wahrscheinlich gleich Null. Mir gefällt einfach dieser Name, und solange du in diesem Café sitzt, werde ich dich so nennen. Deine silberfarbenen Haare machen mich verrückt. Wenn auch nur eines dieser Haare an meinem Jackenärmel hängen bleibt, werde ich es bis zu meinem Lebensende aufbewahren. Manchmal werde ich es anschauen und lächeln. Nichts weiter.

Der internationale Frederic-Chopin-Flughafen in Warschau. Für mich trägt der Flughafen von Warschau den Namen von Adam Mickiewicz. Ich kann es dir nicht erklären, das ist eine lange Geschichte. Vielleicht erkläre ich es dir doch, wenn du mir zuhörst. Alle Frauen mit silberfarbenen Haaren heißen in meiner Vorstellung Militsa. Ich starre dich pausenlos an, aber hab keine Angst. Wenn ich vorhätte dich anzusprechen, hätte ich dich gar nicht angeschaut, beziehungsweise ich hätte mich nicht getraut, den Kopf zu heben und dir in die Augen zu schauen.

Ich besuche Kopenhagen zum vierten Mal. Neues, experimentelles Theater. *Drama Lab*. Weißt du, was ich am Theater am meisten liebe? Sich über Konventionen hinwegsetzen, was dir die Möglichkeit zum Spielen gibt. Natürlich bist du kein Kind mehr, aber du kannst dennoch mit Herz und Seele spielen und auch andere spielen lassen, ohne dabei auch nur die leisesten Gewissensbisse zu spüren. Du kannst das sein, was du willst, und gleichzeitig auch bleiben, was du in Wirklichkeit bist. Im Theater wird deine Schizophrenie legitim und somit für alle akzeptabel. Das, was dich und mich trennt, ist auch eine Konvention und nichts weiter. Ich rasiere mich auf der Bühne, und du schließt im Zuschauerraum die Augen. Ja, das ist schon unsere Liebe. Unsere dramatische Geschichte.

Warte, Militsa, ich werde es dir besser erklären. Wenn wir uns nicht über Konventionen hinwegsetzen, dann wird die Liebe unmöglich. Wenn du nicht begreifst, dass die Begeisterung für andere Frauen in Wirklichkeit die Begeisterung für dich ist, dass ich in den anderen deine in ihnen verstreuten physischen Merkmale und deine Charakterzüge suche, dass die Liebe zu irgendeiner Frau Liebe zu dir bedeutet … Nein, ich könnte es dir nie erklären. Gut, trinke deinen kalt gewordenen Kaffee.

Ich wollte dir von jener Frau erzählen, die mich nicht verstand und mit der ich dennoch sehr glücklich war. Ich bin mir sicher, dass sie in dem anderen Mann genau ihn mochte – den anderen Mann – und nicht mich. Sie wurde genau aus diesem Grund zu seiner Frau. Kurz gesagt, ich wollte von jenem Tag erzählen, an dem ich um sieben Uhr am Morgen ihren nackten Rücken sah und nicht begriff, dass das ein Zeichen war. Ich begriff nicht, dass ich einer Theateraufführung beiwohnte, die ich wahrscheinlich selbst inszeniert hatte. Wie sich herausstellte, war genau ich an allem schuld.

Ich entsorgte ihr halbdurchsichtiges weißes Höschen in der Mülltonne, und mir kam es die ganze Nacht so vor, als ob Ratten über meinen Körper liefen und mir ihre spitzen Zähne ins Fleisch rammten. Man hatte mich gedankenlos dort entsorgt, wo es nur Dreck gab – verfaulte und stinkende Essensreste, aus der Mode gekommene, nutzlose Gegenstände, kaputte Werkzeuge, zerbrochenes Geschirr, Puppen und Kuscheltiere mit herausgerissenen Augen.

Ich kann mich nicht erinnern, wie viel Zeit ich gebraucht habe, um mich von dieser Empfindung zu befreien. In meiner Vorstellung war ich bloß Müll: Jemand, der stets mit Ekel betrachtet werden würde, dem man aus dem Weg gehen würde. Mir kam es so vor, als ob jener Sommertag immer weiterging, als ob er nie enden würde. Allen, denen ich begegnete, ob Bekannte oder Fremde, erzählte ich davon: dass ich Dramaturg, Regisseur und Hauptdarsteller gewesen war, ohne mir selbst je darüber im Klaren zu sein.

Warum ich das jetzt erzähle? Weil ich, Militsa mit dem silberfarbenen Haar, bis heute nicht begriffen habe, wie man beim Anblick vom Blut die Augen schließen kann und einem Mann, dem man sein restliches Leben zur Hölle machen will – falls man ihn überhaupt weiterleben lässt, die letzten Zigaretten wegnehmen kann. Ich habe jene bedrohlich leere Schachtel auf dem Couchtisch im Schlafzimmer bis heute vor Augen.

Wenn der Tag zumindest regnerisch gewesen wäre – ein freudloser, trübseliger Tag. Obwohl, es spielt keine Rolle – ich hatte nie die Gabe, Zeichen zu deuten. Das sommerliche Sonnenlicht durchflutete jedes Zimmer, und alle unsere, tausendmal berührten Gegenstände glänzten merkwürdig. Als ob das Universum gerade dabei wäre, mit dem Sprechen anzufangen und das jahrhundertlang gehütete Geheimnis zu enthüllen. Nur für uns. Nur für die Paare, glücklich wie wir.

Ich weiß nicht, was geschehen wäre, wenn jener Tag anders verlaufen wäre, wenn ich für unbewusst begangene Fehler nicht bestraft worden wäre. Aber ich weiß eines genau: Wenn du mit deinen silberfarbenen Haaren vor mir erschienen wärst, wäre es mir sehr schwer gefallen, der Versuchung zu widerstehen, deine Haare zu streicheln. Nein, das ist kein Fremdgehen. Du betörst mich vollkommen, und ich sehe in dir jene Frau, die ich liebe. Es ist das Haar meiner Geliebten, das niemals silberfarben war, aber wenn ich dich berühre, klopft mein Herz wieder genauso, ich suche wieder vergebens nach den Worten ... Du bist sie. Du bist meine Maid aus Switez, die partout erbarmungslos und unbarmherzig werden muss – so lautet das gemeinsame Gesetz des Lebens und der Kunst – aber ich weiß noch nichts darüber und freue mich.

CONSECUTIO TEMPORUM

„Wie gesagt", fuhr das Murmeltier fort, „lernten sie zeichnen"; hier gähnte es und rieb sich die Augen, denn es fing an, sehr schläfrig zu werden: „Und sie zeichneten allerlei – alles, was mit M. anfängt."
„Warum mit M.?", fragte Alice.
„Warum nicht?", sagte der Faselhase.
Lewis Caroll, „Alice im Wunderland"

Ich lebe seit zwei Monaten in einem Heftchenroman und habe Angst, dass der Schatten der Vergangenheit mir die tägliche Ration an Gemütlichkeit aus der Hand reißen könnte. Das wirkliche Leben ist anscheinend so: voll von gänzlich nicht literarischen Hindernissen. Auch meine Angst ist eine bewusst gewordene und im schwarzen Erdboden tief verwurzelte Angst. Du musst mir helfen, mein Freund!

Dass ich einfach daran erinnert werde, gut aussehend, sanftmütig und ein Snob zu sein, wird kaum etwas bringen.

Und wer weiß, was ich in deinen schönen Augen noch alles bin:

Eine vierunddreißigjährige Frau, die Sex und Philippe Sollers gleichermaßen liebt.

Eine aus den Illustrationen eines Mythologie-Lexikons in der Küche einer Standard-Ein-Zimmer-Wohnung gelandete Penelope, die die Kunst des Wartens vollkommen beherrscht, der aber nichts Besseres einfällt, als gewöhnliche belegte Brötchen zu machen (die französische Variante: Weißbrot plus Butter plus Mayonnaise aus der Provence).

Keine besonders gute Übersetzerin.

Eine Zweitklässlerin, die sich in einem von den eigenen Fähigkeiten vollständig überzeugten Akrobaten versteckt.

Kein vollwertiges Mitglied der Konsumgesellschaft.
Eine, die an das Großkapital nicht glaubt.
Gott, erbarme dich meiner!

Ich wollte sagen, dass das Schiff, das in den tiefen Gewässern der Vergangenheit treibt, von einem Gespenstervolk bewohnt wird, und es ist nur solange harmlos, bis die Nachrichtensprecher deinen leicht erkennbaren Nachnamen in einem verwirrenden Zusammenhang erwähnen. Hah, wie wenig haben sie mir zugetraut, dass ich eines Tages die Kosmetikprodukte von Yves Saint Laurent zur Seite legen und ein quasiautobiografisches Buch schreiben würde. Meine unvorsichtigen Monster!

Aber davor – vor ungefähr zehn Jahren – habe ich hinter Gittern eingesperrte Häschen mit geröteten Augen in Englisch unterrichtet. Where is your big pencil, daddy? Where is your red bonnet, mammy? Meine durch wenig schmeichelhafte Vorkommnisse gekennzeichnete Lehrlaufbahn dauerte an, bis Soso Tschiladze, der ortsansässige Verbreiter nicht humanitärer Lehren und einfach nur ein unausstehlicher Mann, mir ins Ohr brüllte, als ich ausgestreckt auf dem Boden im Flur lag: „Hier ist kein Platz für dich, Kroschka![5]"

Mein Platz ist in einem Heftchenroman.
An deiner Seite.

***

In der Klasse lernten alle gleichermaßen schlecht – sie zerkauten die Wörter und schluckten sie herunter, sie zerkauten sie und schluckten herunter. Sie betrachteten die einfachsten Grammatikregeln voller Zweifel, und auch ich vertraute dem von einer unbekannten Autorengruppe verfassten Lehrbuch nicht. Es war ein fürchterliches Buch, voll mit schweren, erstickenden Konstruktionen.

Eines Tages verkündete ich, dass ich sie nun nach einer selbsterfundenen Methode unterrichten würde:

Langsam und behaglich

Schritt für Schritt

Hopsend – hüpfend

Knabbernd – knuspernd

Mit den Lippen bewegend und mit den Augen schielend

Naschend – schmausend

Sie sollten ins Gebüsch der fremden Wörter hineinstürzen und wieder herausrennen, die Gärten der Phraseologie umgraben und auflockern und mehrjährige Verb-Laubwälder in Angriff nehmen.

„Frau Lehrerin, das Ganze ist reiner Blödsinn. Entschuldigung, Frau Lehrerin. Wir sind doch keine Kinder mehr."

Lascha war zehn Jahre alt, als er mich an dieser unschätzbaren Weisheit teilhaben ließ und seitdem für immer in meinem Gedächtnis blieb. Er hatte einen dermaßen mitfühlenden Gesichtsausdruck, er schien so wohlwollend zu sein, dass ich ihm beinahe mit vollem Ernst geantwortet hätte:

„Die Sprache ist das Haus des Daseins."

Nichts. Weiter nichts.

Am nächsten Tag waren es noch einige Minuten bis zum Ende der Stunde, als er seinen Kopf hob und sagte (in diesem Moment schaute er zur schlecht gestrichenen weißen Decke):

„Wenn ich ein Geschäftsmann werde und die ersten Millionen verdiene, gebe ich ihnen Dreihunderttausend, wenn sie mir versprechen, aus dieser fürchterlichen Schule wegzugehen, ihren Beruf zu wechseln und schöne Kleider zu kaufen."

Dieses sehr konkrete Angebot setzte meine bedingungslose Zustimmung voraus.

Ich begriff sehr schnell: Dieses Kind, das sich nicht für ein Kind hielt, steuerte mich auf ganz natürliche Weise, ohne jegliche Anstrengung. Ich versuchte, nicht nur durch einzelne Handlungen, Gesten und Sprüche seine Zuneigung zu gewinnen, sondern mit allem: Frisur, Make-Up, Kleidungsstil.

Um auf dem durch den dreistöckigen Bau begrenzten Territorium der Schule tief durchatmen zu können und mich frei zu bewegen, brauchte ich einen Verbündeten. Um den zu bekommen, würde ich alles in Kauf nehmen, selbst ein ungeheures Risiko eingehen. Anscheinend suchte ich das Glück wieder an einem vertrauten Ort – dort, wo ich den ersten Englischunterricht bekommen hatte.

Die Geschehnisse entwickelten sich nach der voraussehbaren Reihenfolge.

Lascha begriff meine Methode des Spracherwerbs als erster. Das verstand ich intuitiv. Ja, er zog es vor, stets im Schatten zu bleiben, wählte den strikten Ungehorsam, und beantwortete meine Fragen nie direkt und vor allem nicht richtig.

Lascha machte mir sein erstes Kompliment: „Die mit brauner Wimperntusche beschwerten Wimpern und die mit Sonnensprossen überdeckte Nase stehen Ihnen sehr gut, Frau Lehrerin" (damals trug ich diese schwarz gerahmte Brille noch nicht, die ich im folgenden Jahr in Budapest kaufte).

Lascha redete mir aus, die Elternversammlung einzuberufen (ich erinnere mich nicht mehr an den Grund).

Lascha riet mir, eine Pressekonferenz abzuhalten. Die in den ersten Bankreihen der Klasse waren die Journalisten, während ich nicht mehr und nicht weniger als eine mit phantastischen Ideen gesegnete Schriftstellerin war, deren erster Roman gleich zum Bestseller wurde. Ich beantwortete die syntaktisch fehlerhaften Fragen gewissenhaft: Natürlich ist mir der Erfolg zu Kopf gestiegen. Das Schreiben und die

Choreografie zogen mich seit der Kindheit gleichermaßen an, und ich konnte mich nie entscheiden, welchen Weg ich weiterverfolgen sollte. Ja, die Literatur ist eine Illusion, während die Sprache konstruiert ist, als etwas Unbewusstes. Was für einen Mann ich suche? Eine großen, gut gebauten und sensiblen, nein, hypersensiblen. Am häufigsten sehe ich im Traum, wie meine Mutter mir das Tanzen verbietet, um die Möglichkeit eines körperlichen Kontakts mit einem fremden Partner auf ein Minimum zu reduzieren. Natürlich Mangosaft! Wenn man mir eines Tages dreihunderttausend Euro überwiese, würde ich folgendes tun: Eine Standard-Ein-Zimmer-Wohnung in einem der Viertel von Vascha-Pschawela kaufen, meine Stelle kündigen und Romane schreiben, einer provokativer als der andere, oder ich würde Französisch lernen und Marquis de Sade übersetzen ...

Lascha bemerkte eines Tages, dass der unerträglichste aller Männer – Soso Tschiladze – bei der Überschneidung der zweiten und dritten Stunde meine Sehenswürdigkeiten aufmerksam betrachtete und *douze points* für sich festhielt.

„Joseph Conrad ist keine Lektüre für eine frischgebackene Lehrerin, Ma'am."

Dieser Mann machte sich ganz offensichtlich über mich lustig.

Im Flur, wo sehr viele Häschen mit geröteten Augen herumsprangen, spürte der zehnjährige Junge zum ersten Mal etwas, das der Eifersucht sehr ähnelte.

„Welches Buch ich lese, haben nicht Sie zu entscheiden, Sir." Ich sagte ihm das so ruhig, wie ich nur konnte.

Ich spielte mit Feuertentakeln.

Ich wusste, ich sollte das nicht sagen, sagte es aber dennoch.

Ich begriff, dass ich das nicht denken sollte, aber ich dachte es dennoch.

Mir war bewusst, dass ich es nicht tun sollte, und tat dennoch das, was ich nie hätte rechtfertigen können – ich machte den Unterricht nur für einen Schüler, ich redete nur für ihn, ich erklärte ihm, dass bei der Umwandlung der indirekten Rede in die direkte Rede Consecutio Temporum ...

Alles sonnenklar, oder?

Dann, als eine unbekannte Frau mich anrief und höflich bat, ihren Jungen abends zu mir nach Hause zu bestellen und ihm Nachhilfe anzubieten (als Entlohnung bot sie mir eine solche Summe an, die ich nicht mal jetzt ruhig wiederholen kann), begriff ich, dass mein Verbündeter uns alle mit dem gleichen Erfolg steuerte, sowohl auf die Nähe, als auch auf große Distanz. Er hatte die angeborene Gabe eines Generaldirektors, was sonst!

Ich lehnte das Angebot ab.

Ich spürte, wenn ich es nicht ablehnte, würde ich mir den Fluchtweg eigenhändig abschneiden.

Die invarianten Variationen der klassischen Opposition zwischen Schüler und Lehrer hätten mich erschöpft, also habe ich mich da rausgehalten.

Ich wollte aus der Schule flüchten – jene Wände verlassen, in denen die Grammatikregeln nicht in ihrer ursprünglichen Schönheit leuchteten, sondern erst in einer Art sekundärer, mittels chemischer Überarbeitung erreichten Sauberkeit weiß aufleuchteten und zwischen dem linken und dem rechten Ohr der potentiellen Grammatiklehrer in Windeseile hin und her sausten.

Die Kinder interessierten sich für die auf der Zungenoberfläche entdeckte Wasserspur überhaupt nicht – weder für den Krater, noch für den roten Sand. Auch dieses Spiel wurde langsam mechanisch.

Ich entpuppte mich als eine schlechte Lehrerin, unter

deren Händen jeder beliebige Text einem flüchtig kreierten Mischmasch aus Wörtern, Sätzen und syntaktischen Konstruktionen ähnelte und völlig inhaltslos wurde. Er roch streng und verfaulte tagtäglich etwas mehr.

Ich war besiegt.

„Rote Stiefel tragen in den Filmen Straßenmädchen, Frau Lehrerin."

(Das waren die ersten Schuhe, die ich im neueröffneten „Bata" gekauft hatte)

Der Unterricht ging zu Ende, als ich die Erklärung von Personalpronomen unterbrach und die Klassenzimmertür weit aufstieß. Ich wollte nicht, dass er sah, wie ich die eigene Hilflosigkeit beweinen würde, mit fest aneinander gepressten Lippen, mit dem in der Faust eingeschlossenen Zorn.

Plötzlich tauchte Soso Tschiladze vor mir auf – wie eine im Wind flatternde Flagge, auf der ein Skelettkopf und schwarze Parallelogramme abgebildet waren.

Ich grüßte ihn trocken.

„Hat dir noch keiner gesagt, dass du Emmanuelle Béart ähnlich siehst?"

Ich dachte nicht mal daran, ihm zu antworten.

Ich machte einige Schritte und spürte mit dem ganzen Körper, dass hinter meinem Rücken etwas geschah. Es musste etwas sehr Wichtiges sein – wie Consecutio Temporum – denn alle begannen gleichzeitig zu schreien, zu stöhnen, zu brüllen ... Das Inferno brach innerhalb einer Sekunde aus und brachte den Rauchgeruch mit.

Die Stimmen vermischten sich miteinander. Die unzerlegten Wörter schafften es nicht, zu Wörtern zu gerinnen.

Plötzlich fand ich mich unter einer unerträglich schweren Last wieder. Jemand schubste mich unerwartet – vorsätzlich und erbarmungslos. Mit dem Gesicht nach unten liegend begriff ich erst später, dass diese Last das Gesicht des unerträglichsten Mannes hatte, dem ich je begegnet war. Soso Tschiladze lag mit seinem ganzen Körper auf mir und befummelte mich energisch überall, wohin seine Hände reichten.

Der Flur war mit den Beinen und Schuhen der Schüler überfüllt.

„Jemand hat den Rand deines Kleids angezündet. Du wärst beinahe wie ein Silvestertruthuhn gegrillt worden. Ich sagte dir doch – hier ist kein Platz für dich, Kroschka!"

Die Wahrheit mit den angesengten Rändern qualmte unangenehm. Der größte Teil des dünnen Stoffes war irgendwo verschwunden. Ich lag halbnackt im Flur, mit dem Gesicht auf dem abgeschabten Parkett, und versuchte mich zu erinnern, welche Farbe meine Unterhose hatte, die ich an jenem Morgen angezogen hatte.

Where is my pink dress and black raincoat, honey?

Die Filmrolle wurde zurückgespult:

13:05 Lascha stand neben der Tür des Biologiezimmers: „Wer ist Emmanuelle Béart, Frau Lehrerin?"

13:00 Bevor ich das Zimmer verließ, leerte ich meine Handtasche aus und konnte das Feuerzeug mit dem Papagei-Foto nirgends finden.

12:25 Sobald ich anfing, den Unterrichtsstoff zu erklären, fiel mir ein, dass ich die halbleere Zigarettenschachtel auf der Lehrertoilette vergessen hatte.

12:10 Sofort bei Betreten des Klassenzimmers bemerkte ich seinen leeren Stuhl.

11:35 Als ich mich der Schule näherte, ging mir durch den Kopf, dass, wenn ich seinen Vergeltungsschachzug erraten würde, wir beide davonkämen.

10:05 An jenem Morgen erteilte ich der Frau endgültig eine Absage, die mich Gott weiß wie viele Male angerufen und höflich gebeten hatte, Nachhilfelehrerin ihres Jungen zu werden.

Seit dem Tag, als mein verdammtes Kleid im Schulflur in Flammen aufging, sind zehn Jahre vergangen. Danach war ich: Dolmetscherin und übersetzte die Lesungen von evangelischen Professoren für die Pädagogische Universität; Journalistin – ich verfasste verschiedene Artikel auf Englisch für von ausländischen Nichtregierungsorganisationen finanzierte Zeitschriften; Copywriter (ein georgisches Wort gibt es dafür nicht) – ich schrieb für eine amerikanisch-georgische Werbeagentur Werbetexte und Drehbücher für Musikvideos. Im Auftrag des Redakteurs einer Literaturzeitschrift übersetzte ich sogar die Reden der Nobelpreisträger und wirkte bei der Zusammenstellung und beim Lektorat des ersten Buches einer feministischen Reihe mit. Neben alldem habe ich einen quasiautobiografischen Roman geschrieben. Ja, vielleicht hätte ich sogar den Wunsch verspürt, mich mit akrobatischen Nummern zu beschäftigen, wenn nicht ein schicksalhafter Vorfall ...

Auf der Konferenz, die auf Initiative des Kultusministeriums am Weihnachtsvorabend veranstaltet wurde, nahm ich einen Platz in einer Ecke des Saals ein und schrieb weiter an einer Erzählung. Ich schrieb sie für dich, mein Freund. Ich bereitete ein originelles Weihnachtsgeschenk für dich vor (ein bei *Ici Paris* gekauftes Deodorant ist ein unangebrachtes Geschenk. Genauso wie hautberuhigender After-Shave-Balsam oder duftendes Duschgel). Da „*Kaleidoscope*" von deinem geliebten Ray Bradbury bereits geschrieben wurde und ich mir auch nichts Ähnliches hätte einfallen lassen können, verzichtete ich auf jeglichen Versuch, dir zu gefallen. Das war besser so. Im schlimmsten Fall hättest du das Fenster aufgemacht und aus Leibeskräften rausgebrüllt:

„Ich will keine poststrukturalistische Ehefraaaaaau!!!!!"

(Ich habe diese Szene bereits gesehen. Ich habe keine Angst davor.)

Zwanzig bis zweiundzwanzigjährige Auszubildende schmückten einen riesigen Weihnachtsbaum. Der Redner ließ sich die Peinlichkeit der Lage nicht anmerken und las weiter den mit statistischen Angaben vollgestopften Text vor. Ich hörte mit dem Schreiben auf. Ich schaute auf die aus Filmen herausgeschnittenen Szenen: Einer hängte die riesigen silbernen Kugeln an die oberen Äste des Weihnachtsbaums, der andere hielt eine Schere in der Hand und zerschnitt ein rotes Band in gleich große Stücke, die Dritte steckte einen Engel mit buntbemaltem Gesicht und flatternden Flügeln auf die Baumspitze. Das war ein aufregendes Schauspiel.

An der Wand baumelten englische Buchstaben – der mit Glühbirnen zusammengebastelte Glückwunsch war in seine Teile zerfallen und wartete auf energisches Schwingen mit einem Zauberstab.

Ich wandte mich wieder dem Text zu.

Ein anderer Redner sprach über die Bedeutung des Inklusionsunterrichts.

Von der anderen Seite tönte es mit wechselnden Stimmen:

„Häng das auch auf."

„Vorsicht, mach es nicht kaputt!"

„Dieser Engel steht schief, oder nicht?"

„Wer wird die Beleuchtung einschalten?"

„Schaut euch die Frau da an! Sie schläft."

„Noch fünf Minuten, und wir sind fertig."

„Wir machen erst eine Zigarettenpause. Schalte es nicht vorher ein."

„Korrigier mal die unteren Äste."

Als ich den Kopf hob, trafen meine Augen auf die Augen einer der Auszubildenden, die als einzige in dem Raum geblieben war (Ich weiß, dass das sehr banal klingt, aber vergesst nicht: Ich lebe seit zwei Monaten in einem Heftchenroman).

Sie war ein attraktives Mädchen – groß, ein wenig pummelig, mit lockigem Haar.

„Frau Lehrerin, ich habe Ihr Buch bei ‚Parnas' gesehen."

Jetzt erinnerte ich mich an sie. Sie saß jedes Mal an einem anderen Platz. Wie hieß sie eigentlich? Nino? Magda? Tamuna?

Ich merkte, dass ich mich an den Namen von keinem meiner Schüler erinnerte.

Ich geriet durcheinander und stellte ihr tausend unsinnige Fragen: „Hast du das Buch gekauft? Hast du es zu Ende gelesen? Was denkst du, ist es Literatur? Vielleicht steckt ein richtiges Paradies dahinter? Vielleicht steckt rein gar nichts dahinter? Weißt du, mein Freund behauptet, dass, wenn man Gilles Deleuze liest, man ein erbärmlicher Snob sei oder nicht ganz dicht, und hast du vielleicht geheiratet? Hast du die Verfilmung von Ingeborg Bachmanns Roman gesehen? In der Hauptrolle mit Isabelle Huppert? Und wart ihr alle aus der Klasse auf der Trauerfeier für Soso Tschiladze? Ist der Arme tatsächlich auf der Straße erfroren? Er war bis zuletzt ledig und trank zu viel, nicht?"

Der letzte Vorträger beendete seinen Vortrag.

Die Konferenzteilnehmer standen träge auf.

Ich griff mit der linken Hand zur Handtasche, aber ein Explosionsgeräusch und blendendes Licht nahmen mir jegliche Bewegungsmöglichkeit. Ich stand wie erstarrt da und schaute auf diese wirklich makellos verlaufende Weihnachtsfeier.

Die Auszubildenden rannten wie die Irren in dem großen Saal hin und her.

Die Flamme erfasste die bunten Kabel an der Wand. Die schimmernden Metastasen zerstoben in allen Richtungen.

Die Feier verwandelte sich in einen irreversiblen Prozess. Die geschmolzenen Buchstaben verbogen sich komisch und fielen einer nach dem anderen zu Boden.

Der Raum hüllte sich in dicken Rauch.

Plötzlich packte mich jemand am Arm und schleppte mich in den Flur hinaus.

Hier war alles sauber und steril – die Luft, das blasse Licht, die schlicht bestickten Vorhänge ...

„Tragen Sie *Euphoria* von Calvin Klein, Frau Lehrerin?"

Das Mädchen, an deren Namen ich mich nicht erinnern konnte, trieb mich bereits die Treppen hinunter, überstürzt, Hals über Kopf.

***

Auf der Gobebaschwilistraße stand Lascha und rauchte. Als ich mich näherte, reichte er mir eine halbleere Zigarettenschachtel.

Es schien mir, als hätte er wässrige Augen. Er war betont nachlässig angezogen, gut gepflegt und herzerwärmend, mit einem Wort, er war ein guter Junge. Seinesgleichen steht alles, sogar die etwas groben Gesichtszüge.

„Als ich Sie sah, habe ich Sie sofort erkannt und ... Keine Ahnung, wahrscheinlich habe ich irgendetwas falsch verkabelt."

Die Feuerwehrautos rasten mit einem ohrenbetäubenden Lärm an uns vorbei.

Ich wollte ihn aufmuntern, aber mir fiel nichts Besseres ein:

„A rose is a rose is a rose."

Er lächelte mich an:

„Bereiten Sie mich auf die IELTS-Prüfung vor, Frau Lehrerin?"

***

Seit zwei Monaten treffen ich und mein Verbündeter uns täglich. Seit zwei Monaten lebe ich in einem Heftchenroman, um den Geschmack des richtigen Lebens zurückzuerlangen. Ich verstecke die Wahrheit in den Kopfkissenbezügen sowie die neuen Kleider – unter dem Bett. Ich schone die Hauswände. Ich habe Angst, dass das Gespenst der Vergangenheit mir die tägliche Ration an Gemütlichkeit aus der Hand reißt und mir dich – meinen sturen Freund – wegnimmt. Nein, hilf mir nicht mehr. Ich bitte dich nicht um Rettung. Ich freue mich, wenn ich Erfolg habe: Ich bringe ihm das makellose Spiel mit dem Feuer bei.

DREI LEBEN DER MARIE MENARD

Sobald sie in den Bus eingestiegen war, bereute sie, kein Buch mitgenommen zu haben. Die einstündige Fahrt würde ihr nichts Verlockendes bieten: vertraute Landschaft, die hässlichen Felder von Kartlien[6]. In diesem Sommer fiel ihr auf, dass an einer Stelle entlang der Straße Sonnenblumen gesät worden waren: Die dunkelgoldfarbigen Pflanzen mit ihren emporgereckten Köpfen waren auf einer großen Fläche aufgereiht. Bei der nächsten Fahrt fand sie ein anderes Bild vor: Die Sonnenblumen hatten ihre schweren Köpfe zur Erde gesenkt, und auch das leuchtende Gold war irgendwohin verschwunden. Der Sommer neigte sich dem Ende zu.

Sie schaute auf den leeren Sitz neben sich.

Sie bat den an der Windschutzscheibe klebenden Jesus, keinen Nichtsnutz und Schwätzer neben sie zu setzen.

Was sollte das auch für einer sein, den man eine ganze Stunde beobachtet, um so die Zeit irgendwie zu verbringen? Sie wusste, sie würde sich die Zeit wieder damit vertreiben müssen, ihr überdrüssig gewordene Landschaften zu betrachten und aus fremden Leben geklauten Dialogen zu lauschen. Die eintönigen Bilder und die banalen Sätze würden den Ärger über das fehlende Buch nicht verscheuchen.

Bücher waren die wichtigste Stütze in ihrem Leben – etwas, das im Unterschied zur Erde nie ihre Festigkeit verlor.

Sie schloss die Augen und sah die Sonnenblumenfelder aus dem Hochsommer noch einmal. Das war einfach und eine einfache Schönheit – sie brauchte ihre Vorstellungskraft nicht anzustrengen. Das Blau des Himmels gab eine ideale Grundlage dafür ab, die gelben Sonnen deutlich zum Vorschein zu bringen, man sah sie perfekt. In dem Bild blieb kein Platz für anderes. Keine zufälligen Bewegungen, keine Stimmen, die ständig ablenken. Das Universum stand still in der Nachmittagshitze.

Jemand näherte sich ihr. Dieser jemand blieb neben ihr stehen und versuchte anscheinend, den Rucksack von den Schultern zu nehmen.

Herr, bitte, vergib mir meine allzu prosaischen Sünden. Bestrafe mich nicht dafür, dass mir die von dir erfundene Wirklichkeit weniger verlockend erscheint, als das beste Werk eines mittelmäßigen Romanisten. Auch ich ahme dich nach und denke mir sinnlose Sujets aus, denen ich zum Glück jegliche Entwicklungsmöglichkeiten raube und die ich so vor dem Leben beschütze. Ja, soviel verstehe ich schon davon. Ich habe nicht mal einen einzigen Satz aufgeschrieben, ich habe mit meinen Gedanken nie ein Blatt besudelt, und Herr, bitte, vermerke doch auch irgendwo meine als Bescheidenheit getarnte Faulheit.

Sie öffnete die Augen und sah eine menschengroße, lebendige, deutsche Puppe. Natürlich traute sie ihren Augen nicht – sie schloss sie ganz fest und öffnete sie wieder. Die Puppe sah genauso aus wie in ihren Kindheitserinnerungen: auf die Schultern fallendes blondes Haar, ein wenig grobe Gesichtszüge, kleine Nase, unter einer rosa Bluse versteckte Brüste, mittelmäßig schlanke Taille und umwerfend schöne, von einem kunterbunten Rock bedeckte Beine. Sie blinzelte mit ihren getuschten Wimpern nicht mal – zumindest kam es ihr am Anfang so vor, bis die erste Angstwelle vorüber war. Die Fingernägel dunkelrosa. Ein kleiner Rucksack mit vielen, unterschiedlich großen Taschen. Sportschuhe aus Stoff – deutsche Puppe reist in bequemen, gut sitzenden Schuhen in ein fremdes Land.

Die Puppe drehte sich zu ihr hin und lächelte die Entsetzte höflich an.

Ihr Herz raste so schnell, als ob sie im Spiegel hinter ihrem Rücken ein Gespenst gesehen hätte. Das Mädchen war genauso echt wie der Busfahrer mit seinem Schnurrbart, der Väterchen Stalin ähnelte. Auch Stalins Foto befand sich ganz in der Nähe – es klebte auf der Windschutzscheibe zwischen dem Heiligen Nikolaus und der Heiligen Barbara.

Die Puppe atmete, sie blinzelte sogar. Sie musste eine ausländische Touristin sein: Deutsche, Holländerin ... Nein, eher Schwedin oder Norwegerin. Aber niemand hätte sie davon überzeugen können, dass neben ihr nicht die plötzlich zum Leben erwachte Puppe saß, deren Körper sie als Kind mit dem größten Interesse erforscht hatte. Sie kannte diese blonden Locken, die lächelnden Lippen, die ideal runden Schultern, sie kannte sie in- und auswendig. Schon auf den ersten Blick war klar, dass sie es war – mit der sie stundenlang gespielt, mit der sie ihre größten Geheimnisse geteilt hatte. Ist doch egal, dass sie damals anders angezogen war und eine andere Frisur trug. Man wechselt ja Kleidung, Accessoires und solche Sachen je nach Gegebenheit, während ihre gerade Nase und ihr unvergessliches Lächeln niemals hätten verändert werden können.

„Ich glaube, ich verliere den Verstand", dachte sie und drehte den Kopf zum Fenster. *„Beschütze mich, Väterchen Stalin, vor den Winden meiner Kindheit, vor jenen Erinnerungen, die zwar bei niemandem das Blut in den Adern gefrieren lassen, mich aber immer zu Tode erschrecken werden. Ich weiß, dass solche Angsthasen wie ich eine Schande für die Menschheit sind, und ich weiß auch, dass es dir scheißegal ist, ob ich vor Angst sterbe oder nicht. Ich hab dich in meiner Kindheit so sehr gehasst! Ich habe dich gehasst, weil du diesen schrecklichen Schnurrbart und ein noch schrecklicheres Lächeln* *hattest. Außerdem warst du überall präsent – an den Esszimmerwänden, in den Gegenständen auf den Klavieren, am größten Platz der Stadt, in den stundenlangen Trinksprüchen der Männer und in den honigsüßen Geschichten, die die Großmütter vor dem Schlaf erzählten. Sei doch zumindest im Jenseits gütig und beschütze mich, Väterchen Stalin."*

Der Bus Gori-Tiflis zuckelte langsam voran.

Auf die Erde fielen schwere Regentropfen. Wenn sie jetzt ein Buch hätte, könnte sie alles vergessen und mit großer Freude darin sichere Zuflucht finden. Vielleicht wäre in der Zwischenzeit auch das deutsche Gespenst verschwunden.

Sie spürte ihren Duft – den Duft irgendeiner nicht existierenden Blume. Sie begriff, dass ihre Puppe schon immer so roch. Sie spürte diesen merkwürdigen, süßlichen Duft so klar und deutlich in diesem Augenblick! Zudem begriff sie, dass mit ihr etwas geschah. Eine andere Wirklichkeit versuchte dreist, in ihren ganz normalen Tag einzudringen. So etwas war doch nur in einem Buch möglich.

Das war aber kein Buch. Das war ein an einem normalen Tag fahrender normaler Bus, in dessen Bauch sie zusammen mit einer ausländischen Touristin hin und her schaukelte, während ihr Kopf mit den Erinnerungen befrachtet wurde.

Sie war in ihre Gedanken versunken, als sie von einer unerwarteten Berührung in die Realität zurückgeholt wurde. Die eingeschlafene Puppe legte ihren goldfarbigen Kopf auf ihre Schulter und ihre rechte Hand – auf *ihre* linke. Die Tränen kamen ihr in die Augen, für ein paar Sekunden atmete sie nicht mal. Im Kopf drehte sich nur ein einziger Gedanke: „Es ist unmöglich, dass das hier und jetzt geschieht. Nein, es ist völlig unmöglich."

Und doch vernahm sie ganz klar und deutlich die Geräusche der Autos, die auf der Autobahn vorbeifuhren, die Rufe der Reisenden, das Klingeln von Handys. Sie nahm einige eindeutig erkennbare Gerüche wahr. Sie sah all dass, was auch jede andere an ihrer Stelle gesehen hätte. Sie lauschte dem ruhigen, gleichmäßigen Atem des Mädchens. Die Puppe atmete. Die Puppe hatte warme Hände.

Sie begriff, dass sie weinte. Sie saß immer noch wie versteinert da, und die Tränen rollten eine nach der anderen herunter. Sie hatte Angst, dass sie sie mit irgendeiner ungeschickten Bewegung aufwecken könnte und dieses unerwartet hereingeschneite Glück augenblicklich verschwinden würde. Wie oft hatte sie sich in der Kindheit gewünscht, dass die Puppe zu sprechen anfinge und mit ihr redete, obwohl sie ganz genau wusste, dass Steine keine Seele haben und die versteinerten Vögel nie mehr zwitschern. Sollte jener Wunsch etwa jetzt, nach so vielen Jahren, in Erfüllung gehen? Sie hatte unzählige Male davon geträumt, die Hand unter ihren Strickpullover gleiten zu lassen und dort anstelle der kalten Kunststoffhügel warme und weiche Brüste vorzufinden.

Sollte sie das etwa versuchen? Sollte sie vielleicht nachschauen, ob ihre Brüste genauso warm waren, wie ihre Hände?

Nein, es lohnte sich nicht, so weit zu gehen, nicht mal in Gedanken. Sie musste eine einfache Erklärung für das Ganze finden: Sie ist einfach eine ausländische Touristin, sie ist einfach eine hübsche Touristin, sie ist einfach eingeschlafen und hat ihren Kopf auf meine Schulter gelegt. Mein Gott, was für eine dämliche, was für eine peinlich dämliche Erklärung war das denn.

Du hast mich doch erkannt und dich deshalb zu mir gesetzt. Dir ist doch nicht egal, auf wessen Schulter du deine blonden Locken fallen lässt. Es ist so schön, dass du keinen Groll gegen mich hegst. Wie sehr habe ich dich in jenen Jahren leiden lassen, als ich dich alle paar Minuten aus- und anzog, als ich dich in Russisch unterrichtete, als ich dich in meinem Bett schlafen ließ, und da uns verboten wurde, zusammen zu schlafen, versteckte ich dich für kurze Zeit unter der Matratze ... Ich habe dich so ganz ohne Gewissensbisse vergessen. Es war doch nicht deine Schuld, dass du zwischen den Beinen nichts hattest und ich des An- und Ausziehens bald überdrüssig geworden bin. Ich verlor allmählich das Interesse an dem Kunststoff mit glatter Oberfläche. Dort müsste etwas vorhanden sein, das aber fehlte. Du weißt doch, dass es dort ganz sicher fehlte ...

In der Kindheit mochte sie es gar nicht, mit Puppen zu spielen. Sie fühlte sich sofort zu Büchern hingezogen. Die deutsche Puppe bekam sie zum zehnten Geburtstag. Es kam zwar ein wenig zu spät, aber das Geschenk freute sie dennoch. Am gleichen Abend zog sie sie aus und betrachtete ihren kalten, dem natürlichen nachgeahmten Körper. Das goldfarbene Haar schien tatsächlich aus goldenen Fäden gemacht. In den blauen Augen war der Himmel einer anderen Stadt zu sehen – der Himmel einer ausgedachten Stadt. Eine ungewöhnliche Nase: klein, gerade. Nein, die Nasenspitze war ein wenig nach oben gebogen, als ob sie einem durchschnittlichen deutschen Mädchen gehörte – einer Schwäbin und Bremerin.

Sie zog die Puppe aus und an, aus und an. Sie musste sich die damals populären Songs anhören – hauptsächlich, um die Zeit bis zum nächsten Ausziehen zu vertreiben.

Mit neunzehn Jahren küsste sie eine Freundin auf den Mund. Zum Glück waren diese Lippen warm und weich.

Es geschah in einem Ferienhaus. Sie machten am Nachmittag ein Nickerchen und erzählten einander nach dem Aufwachen ihre Träume. Sie setzte sich auf die Bettkante ihrer Freundin, die eine nicht enden wollende Geschichte über einen aus dem Zug gefallenen Mann erzählte, dessen

Kopf in der Mitte aufgeplatzt war. Sie hörte ihr aufmerksam zu und stellte zwischendurch einige Fragen. Dann beugte sie sich zu ihr hin und küsste sie auf den Mund.

Sie knutschten bis zur Einbruch der Dunkelheit. Nein, an jenem Tag ist nichts anderes passiert ...

Die Zufälle enden nicht immer fatal, aber anscheinend handelte es sich seinerzeit um einen fatalen Zufall. Sie waren sehr jung, ineinander verliebt und zudem ziemlich fantasiereich. Diese erste Erfahrung entpuppte sich als dermaßen interessant und vielfältig, dass sie alle folgenden Erfahrungen vollständig in den Schatten stellte. Seitdem hatte sie nie mehr etwas Vergleichbares gefühlt. So sehr liebte sie niemanden mehr.

Zwei Jahre. Sogar ein drittes Jahr. Sie suchten bereits nach den Gründen, um miteinander Schluss zu machen, so, wie sie das aus US-amerikanischen Melodramen kannten. Jenes Mädchen ging später ausgerechnet in die USA, um Embryologie zu studieren, und kehrte nicht mehr zurück. Am Abend vor ihrer Abreise lagen sie nebeneinander und schmiedeten Pläne, wo und wie sie den letzten Sommermonat verbringen wollten.

Ihr tat alles weh. Wenn ihre Freundin sie nicht verlassen hätte, hätte sie sie früher oder später selbst verlassen – auch das wusste sie, aber der Schmerz wuchs wie eine Wüstenpflanze mit kräftigen Wurzeln, er ernährte sich von ihrem Herzblut und gedieh. Später vertrocknete auch diese Pflanze, sie vertrocknete samt Wurzel.

In jenem Winter schlief sie mit dem erstbesten Mann, dem sie den Wunsch anmerkte. Auch das war ein Zufall, und anscheinend auch ein fataler. Sie bereute es sofort. Sie begriff, dass sie in dieser Hinsicht etwas völlig anderes suchte und nicht die rhythmischen, mechanischen Bewegungen.

Sie hörte mit der Suche nach neuen Erfahrungen auf und

siedelte vollständig in die Bücherwelt um. Dort fand sie jene Sicherheit, die sie nirgends spürte. Dort gelang ihr alles ganz leicht. Und die Erfahrungen dort bereicherten sie noch.

Man konnte auch so leben, wieso denn nicht?

Ich weiß bis heute nicht, ob ich den Mut aufgebracht hätte, dich zu verlassen, ob ich es ohne dich ausgehalten hätte. Der Fluchtgedanke diente eher dazu, um mich selbst zu beruhigen. Wahrscheinlich wäre ich nie geflüchtet und eine Frau geblieben, die jedes Geheimnis eines Frauenkörpers kennt und dieses Wissen mit Freude anwendet. Ich freute mich so sehr, wenn du mit mir lachtest. Ich war so glücklich, wenn du mir in die Augen schautest und sie wie ein offenes Buch lasest. Natürlich hätte es nicht ewig so weitergehen können. Die Lebenszeit und die Ewigkeit passen nicht zueinander. Genau aus diesem Grund beantworte ich deine Briefe nicht. Weil es Briefe sind, die einem anderen Menschen aus einer anderen Wirklichkeit geschrieben werden.

Sie hatten die Hälfte des Weges bereits hinter sich. Der goldfarbige Kopf der Puppe ruhte immer noch auf ihrer Schulter und ihr gleichmäßiger Atem ließ vermuten, dass sie noch eine Weile nicht aufwachen würde. Sie streichelte vorsichtig ihre Hand – die Puppe hatte eine sehr zarte, geschmeidige Haut.

Sie bereute gar nicht, sowohl auf Frauen als auch auf Männer verzichtet zu haben. Sie bereute auch nicht, dass sie die entstandene Leere mit sich selbst ausgefüllt hatte. Sie wusste, dass sie in ihrem Alter viel mehr Erfahrung – Liebesbeziehungen, Kribbeln im Bauch, Herzschmerz und schlaflose Nächte – haben müsste. Das, was ihr gelungen war, war kein Leben, sondern eine Merkwürdigkeit, und je mehr Zeit verging, desto merkwürdiger wurde ihr alltägliches Dasein.

Und nun die Konsequenz: die neben ihr sitzende, zum Leben erwachte Puppe.

Zwischen der rosa Bluse und dem bunten Rock war die Haut der Deutschen zu sehen, besser gesagt, die Haut kam für einige Sekunden zum Vorschein, verschwand dann aber wieder. Ihr Herz schlug höher. Sie erinnerte sich daran, wie sehr sie in der Schule das Gesicht ihrer Russischlehrerin berühren, ihre Finger ganz sanft über ihre Lippen hätte führen wollen. Nein, jetzt überkam sie kein solch unüberwindbares Verlangen. Der gut bekannte Körper des Mädchens zog sie auf ganz natürliche Weise einfach an. Sie streckte die Hand zu ihrer Taille aus, aber auf halbem Wege hielt sie wie versteinert inne.

Sie wusste doch, dass sie den Körper einer Frau nie mehr berühren durfte. Jeder Frauenkörper war mit seiner Wärme, seiner Weichheit und Schönheit verführerischer, doch zugleich gefährlicher als alle anderen. Dort lauerte der Schmerz. Dort lauerte die Enttäuschung. Dort hatte sie sich die Finger verbrannt.

Aber die hier war doch keine Frau. Sie war die zum Leben erwachte Puppe, und sie hatte jedes Recht dazu, diese Puppe genauso eifrig zu inspizieren, wie sie das in ihrer Kindheit getan hatte. Das Spielzeug fiel ihr von alleine in die Hände. Spiel ist doch etwas, was man nie vergisst: Dein Körper speichert die Erinnerung daran für immer ab.

Trug sie für heutige Berührungen die Verantwortung? Sie versicherte sich selbst, dass dem nicht so war, auf keinen Fall. Die Mitreisende hatte ihren Kopf von selbst auf ihre Schulter gelegt und auch ihre Hand von selbst mit der Hand angefasst. Wahrscheinlich hielt sie sie im Schlaf für jemand anderen. Vielleicht hätte sie sich gar nicht gewundert, wenn sie beim Aufwachen festgestellt hätte, dass man sie auf dem Rücken, unter der Bluse streichelte? Die Puppen lieben es doch, wenn sie gestreichelt werden, sie lieben es, wenn man mit ihnen spielt.

Der Bus fuhr langsamer. Nach einigen Minuten musste sie sie wecken – sie tat es mit einer absehbaren und erlaubten Berührung. Sie drehte den Kopf nach links und küsste vorsichtig ihre goldfarbigen Haare, während sie mit der freien Hand ihre unter dem rosa Stoff versteckte Wirbelsäule, die nur Menschen haben und keine Puppen, sanft nachzeichnete.

***

„Kryodestruktion, einfacher gesagt: die Vereisung. Das ist eine schmerzfreie Prozedur", sagte ihr der Reproduktionsarzt.

Der erste Schritt des Pap-Testes – die Untersuchung des Gebärmutterhalses und die Entnahme der für die Analyse notwendigen Proben – dauerte zwanzig Minuten. Der Mann im weißen Kittel schien sehr geschickt im Umgang mit medizinischen Instrumenten, seine ganze Aufmerksamkeit war auf die Untersuchung gerichtet. Auf dem gynäkologischen Stuhl liegend kam es ihr so vor, als ob der Arzt nicht mal atmete. Das lange Schweigen wurde zwischendurch von Standardfragen unterbrochen, deren Beantwortung ihr sehr schwer fiel – jede Antwort verlangte von ihr, einen Teil des Geheimnisses preiszugeben.

„Spüren Sie am Ende eines Sexualaktes Schmerzen?"
„Nein."
„Brennt es auch nicht?"
„Nein."
„Spüren Sie kein bisschen Unbehagen?"
„Nein."

Der Mann war groß, ein wenig gebückt, und von seinem Gesicht konnte man nur ablesen, dass ihm etwas missfiel. Eigentlich durfte sie ihm nichts verheimlichen, aber sie konnte sich nicht überwinden, ihm zu sagen, dass in ihrem

Leben außer für Bücher für nichts mehr ein Platz geblieben war. Sie neigte schon immer zu Verschlossenheit, aber jetzt hatte diese alte, vertraute Krankheit sich verschlimmert. Also, was für ein Brennen und Unbehagen?

„Hatten Sie jemals eine Abtreibung?"

„Nein, nein", antwortete sie, ohne zu zögern.

„Das ist gut", der Mann notierte etwas auf dem sauberen Blatt Papier.

„Wenn Sie sich die Brüste massieren, spüren Sie irgendwelche Knoten oder Schmerzen?"

Wahrscheinlich wollte er eher sagen, „wenn man Ihre Brüste massiert", aber er beschönigte die Frage traditionsgemäß.

„Nein, ich spüre nichts."

Sie zog ihre Hose und die Herbstschuhe wieder an und schaute dem Arzt in die Augen. Er hatte ausdrucksvolle Augen und ein ruhiges Gesicht. Der Mann erklärte ihr, dass sie eine kryotherapeutische Behandlung brauchte – eine örtliche Kälteeinwirkung, die lediglich zehn bis fünfzehn Minuten dauern und völlig schmerzfrei sein würde.

Bis zu diesem Moment war sie sich sicher, dass sie dieses Arztzimmer nie wieder betreten würde. Die Hauptsache war, dass sie überlebt hatte: In ihrem Körper geschah nichts Schlimmes. Aber sie war einfach nicht imstande, über ihre Lebensweise zu reden.

Der Arzt reichte ihr seine Visitenkarte und bat sie, ihn einen Tag vor dem gewünschten OP-Termin anzurufen, falls sie sich entschließen sollte, diese Behandlung machen zu lassen.

Sie mochte solche Männer, aber sie durfte nicht mal einen Funken Hoffnung haben, dass er sie unter tausenden Frauen auswählen und sich an sie erinnern würde. Eine Liebesbeziehung mit dem Reproduktionsarzt sprengte jeden Rahmen und erschien ihr in ihrem Wesen als völlig unmoralisch. In Wirklichkeit wäre das eine Art Inzest und nichts weiter. Wieso sollte man eigentlich mit jemandem schlafen, der über dich mehr weiß, als du selbst? Der Körperregionen von dir gesehen hat, die du nie zu Gesicht bekommen wirst? Der erst deine Gebärmutter betrachtet und dir danach in die Augen geschaut hat?

Etwas in diesem Mann zog sie sehr stark an. Vielleicht ausgerechnet die Unmöglichkeit einer Liebesbeziehung. Oder vielleicht die Tatsache, dass ihre Liebe, als die andere Seite von etwas Unberührbarem, genauso unmoralisch wäre wie rein und selbstlos.

Nein, sie sollte der Wirklichkeit besser in die Augen schauen: Er war der erste Mann, der sie völlig bezaubert hatte, auch der Wunsch, ihn zu berühren, entstand ganz natürlich.

Sie hatte das Gefühl, dass die Realität in dieser Klinik, in diesem Flur anfing, genau aus diesem Grund musste sie die erstbeste ihr gereichte Hand möglichst fest umklammern.

„Ist es möglich, diese Kryodestruktion gleich morgen machen zu lassen?" Sie stellte ihm die Frage mit der Ungeduld einer Schülerin.

„Ja, das ist möglich", der Arzt lächelte sie an.

„Um welche Uhrzeit soll ich kommen?"

„Am Morgen findet ein Seminar über die Prävention des Gebärmutterhalskrebses statt. Keine Angst, ihr Fall ist anders, aber Prävention ist immer wichtig. Auch Kryodestruktion ist eine präventive Maßnahme, damit an den betroffenen Stellen in den folgenden Jahren nichts Bösartiges gebildet wird. Außerdem werden dadurch die Reproduktionschancen einer Frau gesteigert ..."

Die Frau schaute auf das Foto an der Wand, von dem ein Dutzend glücklicher Kinder verschiedener Rassen sie anschauten.

„Alles wird gut. Ich erwarte Sie morgen um fünfzehn Uhr." Der Mann lächelte sie wie ein alter Bekannter an. Wahrscheinlich begriff er, wieso die Patientin, die nun eigentlich gehen sollte, nach Gründen suchte, um länger zu bleiben.

„Dürfte ich Wasser trinken, bitte?"

Der Arzt nickte, also ging sie zum Wasserspender in der Ecke. Die Hand, in der sie einen Plastikbecher hielt, zitterte kaum bemerkbar.

„Sind Sie Lehrerin?", fragte der Mann sie plötzlich.

„Nein, ich arbeite in einem Buchladen. Als Verkaufsberaterin."

Der Arzt sagte nichts mehr. Er schaute sie einfach nur an und lächelte. Auch die Frau lächelte ihn an und nahm ihre Tasche, auf der das Logo der Buchhandlung abgebildet war vom Kleiderständer.

Zwei Minuten später tauchte sie in den kühlen Herbsttag ein. Ihr Herz raste: Aus unerklärlichen Gründen empfand sie das Ganze als ein Abenteuer, obwohl es eine ganz normale Sache war. Wie vielen unbekannten Frauen begegnete dieser Mann tagtäglich, bei wie vielen Verkäuferinnen führte er gynäkologische Untersuchungen oder kryodestruktive Prozeduren durch? Sie schaute an sich herunter. Sie war schlicht angezogen – eine Jeanshose und ein für diese Jahreszeit unpassend dünner Pullover. In der Hand hielt sie ihre graue Stofftasche. Wahrscheinlich vergisst jeder solche Frauen direkt nach dem ersten Kennenlernen.

Auf dem Rückweg dachte sie die ganze Zeit über den Reproduktionsarzt nach.

Im Buchladen fand sie alles wie gewohnt vor. In den folgenden zwei Stunden kamen zwei Frauen, ein Mädchen und der ehemalige Bildungsminister herein. Die Frauen kauften Unterrichtsbücher für Englisch, das Mädchen hielt sich sehr lange in den Abteilungen für moderne und klassische Literatur auf, dann schloss sie ruhig die Tür hinter sich und verließ den Laden. Der ehemalige Minister, der als ein gebildeter Mann galt, blätterte etwa zwanzig Minuten lang verschiedene Bücher eifrig durch, dann rief er einen befreundeten Verleger an und unterhielt sich mit ihm längere Zeit. Er würde ganz sicher etwas kaufen, aber was? Früher hätte sie versucht, das zu erraten, sie hätte sogar auf irgendeinen Autor getippt, aber jetzt erschien ihr das alles unwichtig. Vor ihren Augen schwebte das Gesicht eines anderen Mannes – des lächelnden Arztes.

Plötzlich wurde ihr klar, dass sie sich nicht mehr daran erinnerte, um wieviel Uhr sie den Termin in der Klinik hatte. Nicht am Morgen – am Morgen fand das Seminar zum Thema „Prävention des Gebärmutterhalskrebses" statt, der Termin war am Nachmittag, aber um wieviel Uhr? Sie schaute auf seine Visitenkarte, die sie immer noch in der Hand hielt. Sie dachte nicht mal daran, sie einzustecken.

Sie begann zwar, die Nummer des Reproduktionsarztes zu wählen, aber bis sie die letzten Ziffern eintippte, überlegte sie es sich anders. Welchen Eindruck hätte es auf den Arzt gemacht, wenn sie angerufen und gesagt hätte, sie könne sich nicht mehr daran erinnern, für welche Uhrzeit er sie eingetragen hatte? Eine zerstreute Verkäuferin, bei der die Prozedur der örtlichen Vereisung die reproduktive Funktion verbessern soll.

Der ehemalige Minister kaufte „Stalin: Am Hof des Roten Zaren" von Montefiore und Postkarten von Abanotubani[7]. Die Stille und Ruhe, nachdem er gegangen war, empfand sie als angenehm. Nun konnte sie niemand beim Nachdenken stören, und das war das Einzige, was sie wirklich wollte. Ihre Verblüffung und Verwirrung stellten ein genauso natürliches Ereignis dar, wie Ende Dezember fallender Schnee.

Aber bis dahin war es ein weiter Weg, erst musste sie die Herbstwinde überstehen.

Das Klingeln des Handys riss sie aus ihren Gedanken.

„Sie waren eben wegen der kolposkopischen Untersuchungen bei mir."

Das Handy wäre ihr beinahe aus der Hand gerutscht.

„Ja."

„Ich wollte Ihnen nur sagen, dass ... Wir haben die kryodestruktive Behandlung zwar für morgen eingeplant, aber ... Wissen Sie was? Ich hab die Eintragungen noch einmal überprüft und bin mir sicher, dass es keine Notwendigkeit für diese Prozedur gibt. Sie können den Termin absagen. Besser gesagt, ich rate Ihnen, den Termin abzusagen und zu diesem Zeitpunkt von der kryodestruktiven Therapie abzusehen. Sie würde Ihnen natürlich nicht schaden, aber ich sehe einfach keine Notwendigkeit für einen solchen Eingriff."

„Aber ..."

Sie konnte nichts mehr sagen. Sie hielt sich mit einer Hand am Regal für Kataloge und Reiseführer fest und blieb stumm.

„Sind Sie verheiratet? Planen Sie im nächsten Jahr, ein Kind zu bekommen?"

Sie antwortete ihm nach kurzem Schweigen, dass sie weder verheiratet war, noch einen Kinderwunsch hegte, nein, sie hegte ihn schon, aber nicht für heute oder morgen.

„Dann ist es umso weniger dringend. Nach dieser Prozedur ist die Möglichkeit einer Schwangerschaft ohnehin nicht sehr groß, heißt es. Die Behandlung steigert natürlich diese Möglichkeit, aber nicht beträchtlich. Kurz gesagt, wir verbleiben dabei, Sie kommen morgen nicht mehr zu mir."

Der Reproduktionsarzt stellte sich als ein anständiger und fürsorglicher Mensch heraus, außerdem verabschiedete er sich von ihr herzlich wie ein alter Bekannter. Die Versuchung war groß, darüber nachzugrübeln, woher diese Herzlichkeit stammte. Die Antwort tauchte von nirgendwoher auf: Er war einfach ein Mann, der seine Patienten gut behandelte.

Das Schlimmste war, dass sie ihn nicht mehr wiedersehen würde. Im Buchladen wurde es plötzlich merklich dunkel. Der Raum füllte sich mit dunklen Schatten. Das Universum wurde augenblicklich schwarz-weiß.

Sie hätte sich nie vorstellen können, sich bei der ersten Begegnung in jemanden zu verlieben. So etwas passierte ihr lediglich bei literarischen Helden, aber doch nicht bei Menschen. Aber jetzt war sie sich sicher: Sie liebte diesen Mann bereits, obwohl sie nichts, rein gar nichts über ihn wusste.

Sie könnte den Reproduktionsarzt in einem halben Jahr wiedersehen – bei der nächsten Kontrolle des Gebärmutterhalses. Auch das war eine Hoffnung, genauso wie die Tatsache, dass er eines Tages den Buchladen betreten könnte. Wieso sollte er keine Bücher mögen? Vielleicht brauchte er ein Lexikon der medizinischen Terminologie, englische Bücher über Georgien, ein Rezeptbuch der georgischen Küche oder so etwas ...

***

Es ist das Jahr 2112. Am Anfang des Jahres beginnt Marie Menard, in einem Verlag zu arbeiten. Dort wird jegliche Arbeit von Computerprogrammen übernommen: Sie übersetzen belletristische und wissenschaftliche Literatur, sie lektorieren Texte und bereiten sie für den Druck vor, fertigen Illustrationen an, schreiben Buchbesprechungen. Es ist praktisch unmöglich, in dem von ihnen Erschaffenen (was für ein altertümliches Wort) einen Mangel, einen Makel, selbst einen noch so unbedeutenden Fehler zu finden. Mehrere Generationen haben während vieler Jahre daran gearbeitet, diese Programme zu perfektionieren, und sie haben es geschafft, sie bis zur Vollkommenheit zu bringen.

Marie Menard hat nur eine vage Vorstellung davon, wie diese Programme funktionieren, aber sie begreift, dass die Vollkommenheit nur durch die Bearbeitung des kostbarsten Teils der Weltliteratur erreicht werden konnte. Diese Programme haben das Ideal der Leser aus vorigen Jahrhunderten Wirklichkeit werden lassen: Sie haben alles „gelesen", was mehr oder weniger bedeutsam ist. Sie „beherrschen" all jene Sprachen fehlerfrei, die vom Großteil der Weltbevölkerung gesprochen werden und in denen diese großartigen Bücher geschrieben worden sind. Die Übersetzungsprogramme übersetzen „Moby Dick" von Herman Melville in einer halben Stunde – genau diese Zeit braucht der Computer für den Vergleich und die Analyse des Originals und seiner bis zu achtzig Übersetzungen. Passender Stil, semantische Genauigkeit – alles natürlich eingeschlossen. Jedes Wort geht derart nah ans Herz, wie es sollte. Jedes Satzzeichen steht an seinem Platz.

Außer ein paar Verrückten übersetzt niemand mehr Texte auf die alte Art und Weise. Es gibt keine Übersetzer mehr. Dieser Beruf ist endgültig ausgestorben, obwohl er jahrtausendelang existierte. Vieles in dieser Welt wurde auf den Kopf gestellt, dein bester Freund kann sich eines Tages vor dir outen, dass er kein Mensch, sondern ein Programm ist. Und das, obwohl ihr einander all die Jahre so interessante Briefe geschrieben habt …

Die Übersetzung von „Herz der Finsternis" von Joseph Conrad braucht sieben bis acht Minuten. „Undine geht" von Ingeborg Bachmann wird in zwei Minuten und dreißig Sekunden erledigt. Über Gedichte lohnt es nicht mal ein

Wort zu verlieren – jedes Gedicht wird in Gedankenschnelle übersetzt. Natürlich spricht dir niemand das Recht ab, sie zu interpretieren. Natürlich kannst du bei der Übersetzung dieser oder jener Gedichtzeile mit dem Programm nicht einverstanden sein, weil du sie anders verstehst, aber was für einen Sinn hat es, sich mit einem Programm zu streiten? Es hat ja doch die optimale Variante gewählt, und wenn du ganz ehrlich bist, wirst du einsehen: Ja, das ist tatsächlich die beste Variante.

Schriftstellern droht keine Gefahr. Sie verschwinden nicht. Die Programme können zwar auch dicke Romane und herzzerreißende Gedichte schreiben, aber auf dem Gebiet der Informationstechnologien stellt das keine Priorität dar. Niemand braucht von Programmen geschriebene Bücher. Der Großteil der Bevölkerung ist sich sicher, dass Bücher von Schriftstellern geschrieben werden müssen. Da zeigen sich einerseits die tiefen Spuren der Tradition, andererseits ist es eine Art Selbstschutzinstinkt. Man schafft also alle Bedingungen für Schriftsteller, damit sie schreiben, mit allen Mitteln stärkt man ihr Selbstwertgefühl – mit literarischen Preisen, jährlich stattfindenden Festivals, bedeutsamen Auszeichnungen ... Aber man hört dennoch allerlei Gerüchte. Jeder von ihnen würde dieses oder jenes Programm nutzen: Einige verkaufen die von Programmen verfassten Werke als ihre eigene und können ihre Freude kaum verbergen, dass keiner etwas merkt; andere schreiben selbst und lassen ein Redigierprogramm lektorieren, aber der Text verändert sich beim Lektorieren dermaßen, dass der Autor kaum einen Satz wiedererkennt. Natürlich gibt es auch welche, die einfach nur schreiben und dabei ihren Spaß haben, aber ihre Zahl verringert sich kontinuierlich, und es wird immer schwieriger, auf ihre Spuren zu kommen.

Außer Marie Menard sind noch zwei Mitarbeiter im Verlag beschäftigt. Auf Papier gedruckte Bücher werden für Sammler herausgegeben. Mit einer Auflage von zehn Stück. Vielleicht zwanzig. Mit dem Erschaffen und Verbreiten elektronischer Bücher sind ausschließlich Programme befasst. So gesehen ist die Funktion der Mitarbeiter etwas unklar. Sie sitzen in ihren Zimmern und machen vielleicht das Gleiche, was Marie Menard tut, vielleicht etwas völlig anderes. Den Verleger bekam sie ein einziges Mal zu Gesicht – an jenem Tag, als sie in dieses mit jahrhundertalten Fotos und Plakaten geschmückte Zimmer übersiedelte. Er war ein Herr mittleren Alters mit weißen Haaren und blauen Augen, der in einigen Jahren bestimmt Gott ähneln würde.

„Sie werden sich mit den Schriftstellern treffen und mit ihnen reden, egal worüber", sagte der Verleger. „Sie sollten möglichst freundlich wirken. Lächeln Sie sie oft an. So sind sie – sie haben es dringend nötig, dass jemand sie anlächelt und ihnen über den Kopf streichelt. Wenn Sie möchten, können Sie ihnen auch über den Kopf streicheln, aber das ist nicht notwendig."

Marie Menard lächelte die Wand an. Von der Wand schauten sie Josef Dschugaschwili[8] und Alice B. Toklas an. Genau jener Josef Dschugaschwili, dessen in der Jugend geschriebene Tagebücher am Tag zuvor von einem der Programme übersetzt worden waren, genauso wie der achthundertseitige Roman von Alice B. Toklas, den sie noch kurz vor ihrem Tod beendet hatte.

„Noch etwas: Schauen Sie sich die Sachen einfach an. Schauen Sie sich auch das an, was diese Programme erschaffen. Lesen Sie aus jedem Buch mindestens eine Seite – einfach so, für alle Fälle. Natürlich haben wir ideale Programme und für die Veröffentlichung ideal aufbereitete Texte, aber ich würde mich dennoch ruhiger fühlen, wenn ich wüsste, dass Sie das alles lesen."

Bevor er das Zimmer verließ, schaute der Verleger auf das Bild von Alice B. Toklas und sagte zu seiner neuen Mitarbeiterin:

„Diese Frau hat auch ein Rezeptbuch verfasst, aber ich weigere mich, es herauszugeben. Meine Frau hat ein Haschischdessert nach ihrem Rezept zubereitet und ich wäre beinahe draufgegangen. Fragen Sie mich bloß nicht, wo sie das Haschisch aufgetrieben hat. Kurzgesagt, ich warne Sie: Lassen Sie die Finger von diesen Gerichten."

Am Ende dieses völlig untätig verbrachten Tages begriff sie, dass sie als ein Mensch arbeiten musste; sie wurde auf die Stellenausschreibung für einen Menschen hin eingestellt.

Jetzt hat sie andere Sorgen. Seit neun Monaten arbeitet sie im Verlag, in dem sie auch wohnt. Denn so ist es viel sparsamer. Sie kommt nicht zu spät zur Arbeit. Sie empfängt die Schriftsteller in häuslicher Umgebung, kocht den Tee eigenhändig und schenkt ihn selbst in die Tassen ein. Dieses altertümliche Ritual hat den Beigeschmack billiger Nostalgie, aber es beeindruckt die Schriftsteller zweifellos.

Um sich die Zeit zu vertreiben, blättert sie auch in den Büchern und liest manchmal mehrere Seiten und nicht nur eine einzige. Das sind makellose Texte, an ihnen ist nichts auszusetzen! Oder sie schreibt lange Briefe an Anne-Pierre Latour. Solche Briefe schrieb man wahrscheinlich nicht einmal im vorigen Jahrhundert: Sie sind weder schwer noch leicht. Nein, es sind keine Liebesbriefe. Sie hat Anne-Pierre Latour noch nie gesehen und ist sich sicher, dass sie sich niemals in jemanden verlieben könnte, den sie nie berührt hat. In ihrer Vorstellung bedeutet Kennenlernen die Berührung mit der Hand, das Streicheln der Haut eines anderes Menschen mit den Fingern. Während sie jetzt nicht mal weiß, ob der Empfänger ihrer Briefe eine Frau oder ein

Mann ist, jung oder alt, ob er oder sie auf der Arbeit wohnt oder in einem Obdachlosenheim die Nächte verbringt ...

Seit sechs Monaten schreiben sie einander Briefe und diese Briefe entfernen sie mehr und mehr voneinander. Beide haben altmodische Ansichten, beiden mögen es, sich über Literatur und ihre Lieblingsbücher zu unterhalten. Beide lieben ihre eigenen Fehler, denn genau sie bewahren sie vor der Gefahr der Vollkommenheit. Jeder Fehler ist wertvoll. Ungeachtet dessen vertrauen sie einander nicht vollends: Keiner von beiden ist sich sicher, dass am anderen Ende ein lebendiger Mensch ist und nicht ein in der Testphase befindliches Programm.

Marie Menard hat Angst, dass ihr Herz gebrochen werden könnte. Sie weiß, dass die Wirklichkeit sie sehr erbarmungslos behandeln und endgültig vernichten könnte. In Wirklichkeit hat sie genau vor der Wirklichkeit Angst.

Anne-Pierre Latour trifft eine Entscheidung: Es beginnt mit der Übersetzung der „Die Venus von Ille" von Prosper Mérimée – aus dem Französischen in eine Muttersprache, die zugleich auch die Muttersprache der Geliebten darstellt. Es gibt bis zu ein Dutzend Übersetzungen dieser Erzählung – beginnend von der Übersetzung aus dem vorigen Jahrhundert bis hin zu der neuesten vollkommenen Übersetzung. Die Idee ist, dass so, mit Hilfe von Fehlern, Unstimmigkeiten, ungeschickten Zeilen und schlecht übersetzten Sätzen, Marie Menard sich eher davon überzeugen lässt, dass auf der anderen Seite ein Mensch ist. Diese unnütze Arbeit, diese schwer zu rechtfertigende Leichtsinnigkeit ist schön, und sie ist reizvoll. Schon immer sollte es so etwas sein – einen auf den ersten Blick völlig übergeschnappten Schritt wagen. Jetzt zwingt einen die Liebe dazu, so zu übersetzen, wie man es vor Jahrhunderten tat – nach Wörtern und idiomatischen Ausdrücken in Wörterbüchern zu suchen, über die richtige Wortwahl oder einen komplizierten Satz stundenlang nachzugrübeln. Wer über die Wörter, über die Sätze nachdenkt, denkt gleichzeitig auch über den anderen nach. Wer übersetzt, ist mit ihm zusammen …

Währenddessen glaubt Marie Menard bereits fest daran, dass ein Mensch ihr diese Briefe schreibt, und es spielt keine Rolle, ob er sich als Frau oder als Mann entpuppt. Die Welt ist in Menschen und Programme eingeteilt – also muss die Wahl zwischen diese beiden getroffen werden und nicht zwischen Männern und Frauen.

Am ersten Tag sagte ihr der Verleger – der Mann mit weißen Haaren und blauen Augen, der in einigen Jahren Gott ähneln würde, dass er sich ruhiger fühlen würde, wenn er wüsste, dass er zumindest einen Leser der von ihm herausgebrachten Bücher persönlich kennt. In dieser merkwürdig eingerichteten Welt bat man sie, das zu sein, was sie ohnehin schon war – ein Mensch, und sie wurde dafür bezahlt, gleichzeitig auch Leserin zu sein.

„Passen Sie bloß auf, dass Sie nicht den Wunsch verspüren zu schreiben. Es gibt sehr viele schädliche Programme, die Menschen mit dem Virus der Graphomanie anstecken", sagte ihr der Verleger beim Abschied.

Marie Menard erinnerte sich daran, dass der armen Alice B. Toklas der Mensch, den sie liebte, das Schreiben verbot und sie bei jedem Versuch auslachte.

Der Verleger schaute zur Wand und fügte hinzu:

„Wir haben Ihr Zimmer altmodisch eingerichtet – mit Plakaten und Fotos von Schriftstellern. Das schafft eine besondere Stimmung, nicht wahr? Gott, was für einen lächerlichen Schnurrbart hat diese Frau …"

***

Sie machte die Augen auf, und die Geschichte wurde einfach so unterbrochen. Als ob sie ein hauchdünnes Spinnennetz wäre, das ein einziger Windhauch verschwinden läßt. Sie dachte nie über das Schreiben nach. Die Geschichten wurden in ihrem Kopf geboren und sobald sie die Augen wieder aufmachte, wurden sie meistens unterbrochen und vom Wind weggefegt. Deshalb war jede ihrer Geschichten ohne Ende. Da sie sich nicht vor dem Urteil der Leser fürchtete, ging sie immer sehr weit – bis ihr schwindlig wurde. Sie stand – in ihrer Vorstellung – am Rand eines Abgrunds und versuchte, sich an die fremde Landschaft zu gewöhnen. Dort schien eine andere Sonne. Dort grünten andere Felder und Wiesen unter jener Sonne, und irgendwo in der Ferne war ein mit Sonnenblumen bedecktes winziges Stück Land zu sehen – Sonnenblumen mit zum Himmel aufgerichteten Köpfen ...

Es läutete, und zwei Mädchen betraten den Laden. Offenbar waren sie nur zum Zeitvertreib hereingekommen und hatten nicht vor, Bücher zu kaufen. Sie betrachteten jedes Bücherregal aufmerksam, sie waren brave Mädchen – sie suchten sich gute Schriftsteller aus. Das war ihre Lieblingsbeschäftigung: zu erraten, in welcher Abteilung der Kunde stehenbleiben würde, ob er sich zu modernen Autoren oder klassischen Schriftstellern, zu Englischbüchern, Lexika oder Reiseführern hingezogen fühlte. Manchmal schaffte sie sogar, noch genauere Prophezeiungen zu machen. Ihr gefiel es, in einem Buchladen zu arbeiten: Es kamen nur wenige Kunden und Besucher, also blieb ihr viel Zeit nachzudenken und ihre Geschichten zu erfinden. Großen Spaß bereitete ihr auch, die Gesichter der Besucher zu beobachten. Wenn sie sie aufmerksam beobachtete, konnte sie darauf auch die zum Vergessen verdammten Geschichten ablesen.

Sie folgte mit dem Blick einer Frau mittleren Alters und erinnerte sich an ihre Mutter. Die mochte keine ausgedachten Sachen: weder Erzählungen noch Romane, weder Filme noch Serien. Was sie interessierte und was sie zu schätzen wusste, waren Dokumentarfilme, populär geschriebene wissenschaftliche Arbeiten, Enzyklopädien, Meinungsjournalimus, überhaupt Zeitungen und Zeitschriften, in denen über Politik und Wirtschaft, Gesellschaft und Kultur berichtet wurde, und natürlich Nachrichtensendungen, obwohl der Anteil an Ausgedachtem darin beträchtlich ist. Sie begriff nicht, welchen Wert etwas haben könnte, was keinen Teil der Wirklichkeit darstellte, was lediglich im erhitzten Kopf von jemandem entstanden war.

Ihr ging durch den Kopf, dass ihre Mutter dem Weg dieser älteren Frau gefolgt wäre und sie sich zum Regal mit den Reiseführern begeben hätte. Was würde sie sich denken, wenn sie erführe, dass ihre Tochter einmal, auf der Strecke Gori-Tilfis, einen Helden erfunden hatte, der ihr einen bis zum Ende der Fahrt andauernden Realitätsverlust bescherte.

Die zum Leben erwachte deutsche Puppe, die nur mittels ihrer Phantasie lebendig wurde, schwebte eine Zeitlang ununterbrochen vor ihren Augen und animierte sie zum Spielen. Sie konnte mit ihr in allen möglichen Fahrzeugen spielen, in denen es nicht allzu merkwürdig erschien, die Augen zu schließen. Anfänglich hielt sie das für den Anfang einer Geschichte und war sich sicher, dass früher oder später etwas unvorstellbar Interessantes geschehen würde.

Aber in letzter Zeit konnte sie sich auf nichts mehr konzentrieren. Ihre Gedanken schweiften dauernd ab, sie dachte ununterbrochen an ihn – den Mann, der lediglich aus Berufspflicht wollte, dass sie sich auszog.

Sie suchte nach Gründen, um beim Reproduktionsarzt anzurufen, aber jeder dieser Gründe erschien sinnloser als der andere. Dieser Mann hätte vielleicht erst nach zehn Jahren im Buchladen vorbeigeschaut, oder er las gar keine Bücher. Vielleicht hatte er Ehefrau und Kinder (Wieso eigentlich sollte ein Reproduktionsarzt über dreißig keine Kinder haben?) und lebte in völliger Harmonie mit ihnen in einer Standardwohnung in einem Standardhochhaus. Wieso nahm sie an, dass alles anders sein würde? Wieso hatte sie sich vorgestellt, dass er die Möglichkeit eines Inzests zulassen würde?

Sie kannte ihn überhaupt nicht, und dennoch hatte sie das Gefühl, in seinen Handbewegungen, in seinem Gesichtsausdruck, in einem längeren Schweigen das Wichtigste gesehen zu haben.

Anfang November war jeder Tag dem anderen gleich. Gute Bücher wurden selten gekauft. Die interessanten Kunden betraten den Laden immer seltener. Auch Marie Menard und Anne-Pierre Latour konnten sich in jener Sache nicht annähern – sie schafften es nicht, die unsichtbare, aber relativ starre Barriere zu überwinden. Anne-Pierre Latour beendete die Übersetzung der Erzählung – eine Arbeit mit dem ganzen Herzen, als sei es das Wichtigste im Leben. Bei aller Mühe bei der Übersetzung – nie sollte sie zur Vollkommenheit reifen. Es sollte eine gute Übersetzung sein – eine von einem Menschen stammende Übersetzung, die nie vollkommen sein könnte. Sogar bevor Marie Menard sie gelesen hatte, zweifelte sie nicht mehr an der Richtigkeit ihrer Vermutung, aber sie vermied ein Treffen mit dem geliebten Menschen dennoch. In ihren Augen war er vollkommen, und sie hatte Angst vor dieser menschlichen Vollkommenheit, viel mehr Angst als vor der programmierten, künstlichen, leicht durchschaubaren ...

Wieder eine Sackgasse. Wieder eine auswegslose Situation.

Sie öffnete die Augen, und der leere Buchladen erschien

ihr noch leerer im Licht der blassen Novembersonne. Ihr fiel auch keine Fortsetzung der zweiten Geschichte ein. Was könnte im Leben eines Helden geschehen, der sich jedem Vermenschlichungsversuch entzog und einer zum Leben erwachten deutschen Puppe jedes Mal mehr und mehr ähnelte? Nichts hätte geschehen können – leider gab es keine Chance, diese Geschichte weiterzutreiben. Dieses Mädchen war von Kopf bis Fuß – von den goldfarbenen Haaren bis hin zu den Stoffschuhen – ausgedacht und nur deshalb aufgetaucht, um sie an die Möglichkeit des Spiels zu erinnern, oder an die Lust, die sie bei der Berührung des nackten Frauenkörpers empfunden hatte – ihre Hände erinnerten sich daran, sie selbst nicht mehr.

Sie verließ den Buchladen um neun Uhr am Abend und bevor sie die Hauptstraße erreicht hatte, zerriss sie die Visitenkarte des Reproduktionsarztes und warf die Papierfetzen in den Wind. Seine Adresse und seine Telefonnummer würde sie sowieso nicht vergessen.

Sie ging in einen Supermarkt, um die Zeit zu vertreiben. Sie wollte nicht nach Hause zurückkehren. In beiden Geschichten, die sie sich in letzter Zeit ausdachte, erlitt sie eine Niederlage, und das Eingeständnis dieser Niederlagen löschte bei ihr alle möglichen Wünsche aus. Sie ging durch Regale, vollgestopft mit Lebensmitteln, aber nichts, rein gar nichts erregte hier ihre Aufmerksamkeit. Sehr lange betrachtete sie ein Glas mit einer Orangenkonfitüre, die sie anfangs für Eiernudelsuppe hielt. Die gestückelte Schale der Zitrusfrucht erinnerte sie an gefrorene Regenwürmer. Daumenlange Regenwürmer in Orangengelee – nein, danke!

Sie ging weiter zum Weinregal und schaute gedankenlos auf die Flaschenetiketten. Sie kannte sich mit Weinen nicht sonderlich aus und hoffte auch nicht auf die Hilfe der Verkäufer hier ... Sie konnte sich nicht einmal entscheiden, welche Farbe der Wein haben sollte, falls sie sich denn entschloss, Wein zu kaufen, geschweige denn andere Merkmale dieses Weins. Sie ging umher und suchte blind nach etwas, ohne zu wissen, wonach sie suchte.

In genau diesem Augenblick fiel ihr Blick auf den Mann – ihren Reproduktionsarzt. Er stand an der Kasse und packte die Lebensmittel aus seinem Korb aus. Roggenbrot, Käse, fertiger Pilzsalat, noch irgendein fertiger Salat, eine Packung Spaghetti und eine Schachtel Zigaretten. Die Sache war ganz einfach – es sah nicht nach dem Korb eines Mannes mit Frau und Kinder aus. Es war der Einkauf eines an die Einsamkeit gewöhnten Menschen. Sie kannte sich bestens damit aus!

„Es ist unmöglich, dass das hier und jetzt passiert. Nein, es ist völlig unmöglich", dachte sie und griff nach der erstbesten Flasche.

Die nächsten Momente stand sie so da – die Weinflasche an die Brust gedrückt – und dachte darüber nach, wie sie zur Kasse gehen und die Stimme des Reproduktionsarztes hören würde. Wie viele Schritte trennten sie? Zehn? Neun?

Sie wollte ihm unbedingt etwas sagen, aber sie hatte genau diese Worte vergessen, diese ersten Sätze, diese ersten sinnlosen Sprüche. Als würde sie diese Sprache gerade jetzt erst lernen – die Sprache der täglichen Kommunikation, die normale Unterhaltungssprache, und ihr Vergessen beruhte genau darauf: dem Mangel an Erfahrungen.

Was sollte sie machen, falls der Arzt sie etwas fragte – wenn auch nur aus reiner Höflichkeit oder beruflicher Neugierde? Wie hätte sie ihm sagen können, dass sie sich nicht an die notwendigen Worte für den Beginn eines Dialogs erinnerte und Angst hatte, einen Fehler zu machen?

Der Mann würde den Einkauf wahrscheinlich flüchtig

auf den Küchentisch packen. Die Zigarettenschachtel würde er sofort beim Verlassen des Supermarkts öffnen. Sobald er zu Hause ankäme, würde er einen halbvollen Topf auf den Herd stellen – für Spaghetti. Wie er sie wohl zubereitete? Alla bolognese? Alla botarga? Vielleicht hatte er sogar ein Rezeptbuch – das Buch für leicht zuzubereitende Gerichte. Natürlich nicht von Alice B. Toklas.

Sie war sich sicher, dass der Reproduktionsarzt kein Rezeptbuch hatte. Wahrscheinlich war er sogar zu faul, um Spaghetti zu kochen, und würde sich mit Fertigsalaten, Käse und Brot zufrieden geben. Sie stellte sich seine Küche, die Wände dieser Küche vor. Der Mann saß da und kaute den letzten Bissen. Und sie konnte sich mit Mühe zurückhalten, um die an seinen Lippen klebenden Brot- und Käsekrümel nicht mit der Hand wegzuwischen.

Eines Tages musste sie die Wände dieses Raums unbedingt sehen und auch die Wände seiner anderen Zimmer. Sie musste alles eifrig betrachten, was eine Spur der Gegenwart und der Vergangenheit dieses Arztes darstellen könnte. Das, was in seinem Leben bisher geschehen war, würde auch von ihnen reflektiert: wichtige Momente, Schwärmereien von den Objekten der Begierde, Schmerzen und Schweigen, die Momente großer und kleiner Leere, einfache Bagatellen. Dort würden es auch wertvolle Geschenke geben, deren Wert aber nur ihr Inhaber einschätzen konnte, und von anderen ausgesuchte simple Souvenirs. Natürlich wäre mit bloßen Augen kaum etwas zu sehen, aber die Vorstellungskraft war in diesem Fall das Instrument, das einem besser als jedes Kolposkop die Möglichkeit gab, diese Wände zu betrachten. Sie wusste im Voraus, dass es sich lohnen würde, ihre Oberfläche zu studieren. Sie musste auch die beschädigten Stellen finden – solche Stellen gibt es in jedem Zimmer, und darüber wird einfach ein Bild oder ein Plakat gehängt. Sie musste diese Wände mit der Hand streicheln, sie musste ihre Wärme und Kühle zeitgleich spüren.

Sie öffnete die Augen und stellte die Weinflasche, die sie in der Hand hielt, zurück an ihren Platz.

Sie musste jetzt vollständig nüchtern sein.

ANMERKUNGEN

1 Trauben-Wodka, der in Georgien fast immer selbst gebrannt wird.
2 Galaktion Tabidze, ein berühmter georgischer Lyriker.
3 Anspielung auf ein bekanntes Gedicht von Galaktion Tabidze „Die Tage von Karaleti"
4 Alle Übersetzungen des Poems von Heinrich Nitschmann (1826–1905)
5 „Schätzchen" auf Russisch
6 Historische Region in Georgien, Tiflis gehört auch dazu.
7 Jahrhundertaltes Schwefelbäderviertel in Tiflis
8 Josef Stalin

Diese Sammlung von Erzählungen erschien im Original 2013 unter dem Titel აღმოსავლეთის გამოგონება bei Diogene Publishers, Tiflis.

ISBN 978-3-940524-74-04

© Diogene Publishers, Tiflis 2013
© für diese Ausgabe
edition.fotoTAPETA Berlin 2018

Umschlaggestaltung: Gisela Kirschberg, Berlin
Umschlagmotiv: shutterstock.com
Satz und Gestaltung: Gisela Kirschberg, Berlin
Druck: GGP Media GmbH, Pößneck
Gesetzt aus der Minion und der Frutiger

Dieses Buch wurde im Rahmen des Programms *Georgien, Ehrengast der Frankfurter Buchmesse 2018* mit Unterstützung des Nationalen Georgischen Buchzentrums veröffentlicht.